學校可以不一樣

自然學校：由構思、實踐到未來

草原（黃顯華）
海洋（賴天慧）

編著

責任編輯：羅國洪
「理念選文」編輯：天鳥（劉永佳）、海星（葉頌昇）、清水（劉文清）
封面設計：吳雪雁

學校可以不一樣
——自然學校：由構思、實踐到未來

黃顯華　賴天慧　編著

策　　劃：自然教育有限公司（Gaia Education Ltd.）
　　　　　香港新界屯門新墟井頭上村87A
　　　　　電話：2650 0588
　　　　　網址：http://www.gaiaedu.org.hk

出　　版：匯智出版有限公司
　　　　　香港九龍尖沙咀赫德道2A首邦行8樓803室
　　　　　電話：2390 0605　　傳真：2142 3161
　　　　　網址：http://www.ip.com.hk

發　　行：聯合新零售（香港）有限公司
　　　　　香港新界荃灣德士古道220-248號荃灣工業中心16樓
　　　　　電話：2150 2100　　傳真：2407 3062

印　　刷：陽光（彩美）印刷有限公司

版　　次：2024年3月初版

國際書號：978-988-76912-6-6

謹以本書紀念

鄉師自然學校

成立十五周年

自然學校十五載

自主人本慶週年

每日爬坡上石級

愉快學習回家田

區紀復 二〇二二年 九月廿三日 賀

前校董區紀復先生賀詞

目錄

---

* 鄉師自然學校，簡稱「自校」。

自然學校意義的探究與追求

草原（黃顯華） 海洋（賴天慧）

1993 年，香港有八個年青人聚在山中，其中一個剛經歷了一次另類教育的洗禮，趁心頭未冷未死，他對幾個朋友說：「或許我們可以為香港的孩子做點甚麼？」有人點頭，有人拍案，有人仍疑惑着，「先組織起來吧！」有人起哄。

經過多時辯論、體驗、等待，大家終於在 1997 年確立了要開闢這條道路之必要。然後，同時把人本、開放、自主等這些教育理念互為融合調整。某夜，他們各自在口袋掏出 600 元，作為首筆為學校宣傳、印刷的基金。

從那一念，由那幾千元開始，他們為自然學校的發展作出了第一筆投資，亦為這個故事打開序幕 [1]……

這幾個年青人不被名利吸引；相反，他們被自然生活、人的生活、自主生活所吸引，他們不在乎別人的看法，因為他們專注於當下。

當他們追求生活的體驗而不是追逐外在的獎勵時，感受就會如此美好。

以下是他們對教育的看法。

1　由清水編輯的小冊子《自然學校》（2006），開宗明義展示了自然學校這個故事的序幕。

重要的基礎：從小孩出發

海星[2]在〈不管，行嗎？〉一文說：有時小孩不參加導師設計好的活動……一開始就缺乏小孩子的想法。如果自然教育的對象是小孩的話，小孩為甚麼不玩耍呢？他們當時的意願又是甚麼呢？這些問題顯得更為重要，也是人本主義教育觀核心的問題之一。

清水在〈種籽遊學社：生活的藝術〉一文說：與孩子一起時，我的態度是：無論孩子們在寫詩、在沉思……不會強迫，只有鼓勵、接納及調整。我深信，假若孩子能用心體會每段與自然一起的時光，甚至願意只在自然中發呆，始終有一天，他會自然領悟到他需要的東西。

五個教育理念

這些創校者對自校[3]教育理念深信不疑（conviction），那五大理念是：（1）自然（情意自然），（2）人本（以人為本），（3）自主（自主學習），（4）生活與學習合一，（5）整全人格的陶養。這五項核心理念是創校團隊用了頗長時間共議出來的，是自校的精神基石。前三項持續擺放在校章、網站及刊物內。後兩項雖然沒有並列，卻一直有實踐。

以下六段引文[4]是五個辦學理念的具體說明：

2　自校的教職員、家長、學生、董事及支持人士均自訂自然名，連結大自然。

3　鄉師自然學校，簡稱「自校」。

4　以下首三段是引自《生命可以不一樣：孩子需要大自然，鄉師自然學校五周年紀念相集》（2012），後兩段是引自《螢火蟲學苑：綠色教育札記》（2005）。

一葉在〈以山育人：談自校的山野教育〉一文説：現代學校及社會教育忽視自然體驗，孩子的活力、智力及靈性備受束縛，孩子極度需要大自然的陶冶與賦能！陶淵明説：「此中有真意，欲辨已忘言。」無以言説的真理，得靠人自身在自然中去領會。（情意自然）

　　海星在〈快樂攝影〉一文説：自校的評估報告與別不同，每一份評估報告的封面，都是孩子該學年精選的個人獨照，成為孩子和父母共同珍視的另類「成績表」。（人本教育）

　　河流在〈生命真的可以不一樣嗎？〉一文説：生命真的可以不一樣嗎？答案是肯定的。當經濟發展成為大部分人牢不可破的觀念，過着物質生活以外，還是更多物質生活的時候，我們必須保持清醒，從一己的改變，從點滴做起，為地球增加多一份正能量。（自主學習）

　　白鷺在〈愛護小動物是實踐出來的〉一文説：阿龍的救貓行動實在令我既驚且喜，想不到這個沉默寡言的小男孩這麼有愛心。他雖然沒有做好常識功課，但是卻活出了真正的生命力，這才是生命教育⋯⋯螢火蟲苑就是要讓學生和老師更多經驗面對生活的種種，從而學習生命的議題。（生活與學習合一）

　　海星在〈孩子的耐性〉一文説：自然學校的學生嘗試在沙灘堆出一個能夠儲水的城堡，然後圍在一起保護它不被海水沖毀。與海浪的連番搏鬥後，小孩還是敗給自然的力量。可是他們的面上沒有氣餒的表情，反而是歡樂的笑容。他們沒有為被海浪擊倒而失望，反而立即玩下一個遊戲。對小孩來説，這是一個好玩的遊戲，這是一個沒有勝敗的遊戲。⋯⋯我卻看見他們不斷堅持，通力合作，並且不斷工作以保護城堡的完整，直至無能為力為止。沒有一定的毅力是辦不到的。如果我們讓孩

子多玩這樣的遊戲，不正是在培養他們一種堅毅不屈、勇於面對、不怕挫折的個性嗎！（整全人格的陶養）

小雨[5] 在〈生活教育：把生命活出來〉一文說：生活會議的議題，由同學提案討論：「可以借用儲物櫃嗎？」「玩蛇板可以不帶護具嗎？」「學校可以養寵物嗎？」「可以帶玩具上學嗎？」「可以在圖書館吃東西嗎？」生活法庭上有原告和被告，但受害人未能上庭，因為他們是一窩蜜蜂，他們在巢中被攻擊。

藉着生活法庭、生活會議、生活導師制度、教師身教等方式，讓學生在生活裏學習和體驗，成為一個懂得欣賞自己、欣賞別人、富生活趣味、敢於承擔、並有能力規劃自己生活的人。（整全人格的陶養）

本書有關學生、家長和教師的文章，其內容都是根據這五個辦學理念作出分析和說明。

在《童年與解放》[6]一書中，黃武雄教授通過大量的論述，在這本書內展示兒童的創造特質，亦若干程度回應了下述兒童的三個特徵：

一、洞察複雜事物的特徵；

二、以無畏無休的體驗，參與世界的秩序，換取最真實的知識；

三、免於偏見的限制。

在這本書中，黃教授詳細地探討了幾個重要概念：人的自然和文明能力、互動和體驗、解放等。在論述中，他分別發展

5　鄉師自然學校創校老師（2007），第三屆校長（2014-2016）、班導師（2007-2014）及中文老師（2007-2016）。

6　黃武雄《童年與解放》（2004），新北：左岸文化。

天地與我共生（2020）

了皮亞傑（Piaget）和哈貝馬斯（Jürgen Habermas）等學者的學術見解。他還提出自然能力和文明能力兩者是辯證發展的。

黃教授最後指出怎樣才算是解放。解放是讓人從多重的桎梏中掙脫出來。這一層層桎梏建構自既有的社會價值和規範、國家安全、宗教種族性別和階級之歧視、代表普遍世界的知識和理性等。在人進入文明社會一段時日之後，便牢牢被它們捆綁了。解放是還人以本來面目，讓人能用童年時認識世界的方式重新體驗世界。

我們可以「返老還童」地去解放自己，回復到我們童年時充滿活力、創造力、免於偏見的、無畏無懼的去洞察複雜事物的特徵。

黃教授知識層面驚人地廣闊，涵蓋哲學、心理學、社會學以及人類學等領域。他在書中引用了大量學說，並加以批判、補充和發展，最後融會貫通地提出自己的見解。

可惜，這一本探討周詳的作品欠缺了對兒童和自然界之間關係的描述。

意義的追尋

維克多・弗蘭克（Viktor E. Frankl）《意義的追尋》（Man's Search for Meaning，又譯作《活出意義來》）書中的一句話：「一個人所有的東西皆可以被拿走，但除了一件事，就是人類最後的自主權。任何情況下，人都可以選擇自己的態度，選擇自己走的路徑。」

自然學校的開創者都能克服種種困難，選擇自己的態度和堅持走自己的路！

自然學校梯畫（2010）

栽種未來

2022 年，自校踏入第 15 年[7]，自校管理團隊瞻前顧後，認為過去至今的教職員、家長、學生、校董及公司董事[8]都是成就自校的一分子，同樣寶貴！感恩遇見！

同年，我們開始這書的籌劃工作，有系統地做一個有關自校的記錄。此書以自校五個辦學理念為主軸，內容包括：以辦學理念去分析和歸類校友、家長、校友的中學老師的訪問內容而寫成的摘錄；自校開校初期教職員的辦學理念選文；創校成

7　自校紀念 15 年，出版《在雨中起舞的童年》。

8　2007 年，由自然協會（慈善註冊）（自校創校團體）成立自然教育（慈善）有限公司，負責直接營運管理鄉師自然學校，並籌辦推廣學校理念的教育項目。

員寫創校人、事、情的文章；還有以學習動機理論分析自校生學習情況的文章等。衷心感謝曾經義助完成這書的各位人士！

　　這本書記錄了香港教育中充滿綠色、自然、具愛心流動的一頁，希望藉此栽種未來！

黃顯華

鄉師自然學校校董

香港中文大學課程與教學學系客座教授及伍宜孫書院資深書院導師

香港中文大學課程與教學學系主任（2000-2007）

香港教育研究所副所長（1996-2008）

賴天慧

自然教育有限公司董事會主席（2021-2024）

鄉師自然學校家教會「家長教師同盟」創會主席（2013-2015）

鄉師自然學校家長（子女／就讀年：螳螂／2010-2016）

支持者之言

為了集體未來神聖奮鬥

野鴿（周兆祥）

社會、國家、以至人類文明的未來，在於下一代的培訓。

由 1967 年加入教育工作，驚覺這個神聖行列竟然那樣一塌糊塗，肯定我們所謂的教育都是反教育，學校變成了監獄、染缸、工廠，教育工作淪為一盤生意，難以吸引更難留着有理想、有熱情、有視域、有愛心、有委身精神的人才獻身。

小弟自己壯志消磨，也在 56 之年黯然提早離隊了。可幸的事接着發生，自然學校創校了！旋即成為本地另類教育的先鋒、座標、Icon，讓深明大義、真正愛子女的家長有完全不同的選擇，這個顛覆性的小地方就這樣創造了歷史。

十五年下來，步步維艱，幸獲有理想、有熱情、有視域、有愛心、有委身精神的人才苦心經營，終於打穩了基礎，建立了傳統和自信，繼續在漫天風雨中昂然上路。

人類如果有未來，一定是綠色的；此刻文明岌岌可危，隨時崩潰覆沒，千錯萬錯，無非是乖離自然。此所以自然學校溯本尋源，逆流而上，跟灰色的制度和價值觀對着幹，撥亂反正；我們在極大的掣肘、極有限的資源下，殺出血路、屢創奇蹟，贏得社會的認同、掌聲、有形無形的支持。

如果每天興高采烈的工作是自然學校團隊的生命宣示，這本書的記錄就是學校功業向社會的展示和交代。

　　謹此獻給有心的你⋯⋯

周兆祥

鄉師自然學校校董

綠野林創辦人兼首席導師

綠田園基金主席

香港食生會主席

香港身心靈平台創會主席

自校的蜕變

青蛙（余少堅）

　　近來，看到一套名為「野人老師」的電視劇，劇中提及一間推動愛護大自然的學校，與鄉師自然學校（自校）的理念有些相似。不知不覺，自校已經創校達十五年，看着這套劇集，回想以往自校初期的情況，藉此機會，與各位分享自校的蜕變。

走向人群，初探游牧模式

　　自校前身是 1993 年創立的自然協會（當時也稱自然學校），受美國自然教育家約瑟・康內爾[1]（Joseph Cornell）的教育理念啟發，探討他提倡的「流水學習法」如何體驗自然原理，後來加入其他元素，強調大自然、人、我的情意關係。「情意自然教育」着重人本教育，並向大自然學習。

　　我們八位同伴用了不少時間討論實踐的方法，向各社區中心、小組或不同機構推廣。不少假日，帶領孩童到大自然進行

1　約瑟・康內爾（Joseph Bharat Cornell），自然教育家。著作《與孩子分享自然》（有 15 種語言翻譯本）。他在 1979 年成立分享自然基金會（Sharing Nature Foundation）。

情意自然體驗活動，最常到的是西貢、大埔滘和粉嶺，可以說是自校的雛形。當時一些常見的自然體驗活動有「大自然收賣佬」、「自然照相機」、「生機午餐」、「建造一棵樹」等，現在這些活動部分仍繼續進行。經過一段時間的實踐，考慮傳承及持續發展，開始舉辦「大地行者」導師班，現在自校團隊有些仍是早期的「大地行者」成員。

尋找校舍

　　扎根香港過了一段長時間的游牧模式，反思要持續發展下去，便要真正在香港扎根，走進教育體系，開辦一間實體小學。四出尋找，終在 2007 年成立自然教育有限公司，在屯門現時校址覓得一個理想校舍。校舍四周被大自然圍繞，方便進行自然體驗活動；校舍的設計簡單明快，方便師生凝聚及進行活動。由零開始，面對不少挑戰，校舍、教職工團隊、課程、招生等，感恩「鄉師同學會」讓自校在這個校舍延續前輩對教育的熱誠，特別是鄺啟濤校長等各位前輩的指導；感恩過去在自校服務的教職工團隊、各位家長的信任，以及社會人士和團體的默默支持，讓自校可以一步一步地走下去。

建立團隊，優化課程

　　在龐大的主流教育社會建立情意自然教育的小學，並不是一件容易的事。但自校團隊優秀而獨特，歷年來，每位隊員投身及默默付出，建立了自校的特色課程，其中特別注重生活及人本教育。每位自校學生都擁有非一般的小學生活、非一般的愉快童年。

變幻原是永恒

　　過去十五年，自校有機會給學生在小學階段體驗到情意自然教育，在他們的成長册子打下深深的烙印，社會大眾也漸漸對自然教育有多些認識及認同，自校的路將會愈來愈寬敞！我們懷着感恩的心情，迎接自校未來再一次蛻變，再一次成長。

余少堅

鄉師自然學校校董
自然協會（鄉師自然學校創辦團體）創會成員（1993）
啟基學校副校長

如何自然而然地學習

小青蛙（施永青）

　　人與所有生物一樣，都是大自然的產物。生物為了更好地生活下去，都得了解自己的處境，以便更好地利用環境所提供的資源。為此，生物發展出自己的感覺器官，以接收來自環境的各類訊息。這些感官訊息，是我們知識的原材料。生物的神經中樞接收到這些原材料之後，就會尋找它們之間的聯繫，憑它們的時空位置與質能分配，去推論它們之間的邏輯關係。而人類的知識系統就是這樣逐步豐富起來的。

　　所有能夠在自然環境中生存下來的生物，都有自己的學習能力，否則它們憑甚麼去適應不斷地在變化的環境。現實是，很多生物所掌握的知識並不比人類少。

　　瓢蟲預測天氣的能力就十分強。如果牠們知道這個冬天不會太冷的話，牠們會選擇在門隙裏過冬。若是牠們知道凜冬將至的話，牠們就會在地下挖一個深洞把自己藏起來。

　　白蟻築的巢，不用建築師設計，一樣有良好的通風系統，有專門的育嬰室與「養牛場」，而且功能都發揮得很好。可見白蟻對生命與建築都是有認識的，否則牠們憑甚麼去建造出這麼複雜、並且能運作得這麼好的蟻巢？

生物在求生的過程中，會累積很多生存所需的知識。生物會把最關鍵的知識存放在 DNA 的密碼裏，在繁殖的時候把知識傳給下一代。所以大部分的生物都是「生而知之」的。

　　人類積累起來的知識最多，多到不能全部放進 DNA 裏傳給下一代。為此，我們不得不把一部分知識用文字記錄下來，留待後代出世後再重新學習。學習於是成了人生的一項重要負擔；而學習的目的，學習的對象，學習的方法，亦很容易因而受到扭曲。

　　本來，我們與生俱來就有一套懂得處理訊息及掌握知識的神經系統。只要我們開放我們的五官去不斷接觸周遭的世界，我們就有能力把零散的訊息組合成各式各樣的理論知識。其過程是自動的，不用花甚麼氣力的。因此，拜自然為師是最可靠的學習方法。

　　自然世界與社會環境是一切知識的泉源。人在生活的時候，就會與周遭的環境有接觸，就會收集到很多訊息。這種從客觀環境中學習知識的過程就有如「讀天書」一樣。來自「天書」的知識最可靠，因為它的原材料是第一手的。

　　然而，個人的經歷始終有限。因此，我們在讀「天書」的同時，還得讀別人按自己的經驗總結而寫出來的書。這些別人用文字表達出來的知識，其實是「二手料」，不一定正確。所以我們在讀「人書」的時候，就不應該第一時間就全盤接納，而是要把這類「二手知識」與客觀世界的真實情況作對照，透過實踐去檢驗真理。

　　現時，一般學校只曉得教「人書」，不重視教「天書」，這不是學習知識的好方法。自然學校在這方面作了不少補救。它讓學生透過生活實踐去接觸自然與社會，讓學生有機會讀「天

書」。在自然學校裏，學生的學習是自發的。學生覺得甚麼有趣，甚麼有用，都可以自主地去學；他們的學習目的，不是為了考取高分向師長有所交代，而是要掌握更多的可以為人類所用的知識。這樣，學生就會在好奇心的驅使下，填補自己知識系統中的不足，並逐步發展出一套與宇宙一體的知識體系。

人類的腦系統是與宇宙一起形成的，它與宇宙是一體的。我們只要熱愛生活，積極去接觸這個世界，我們本有的學習能力就會自動運作。其過程就如我們的消化系統一樣，我們不用明白消化系統如何運作，我們的身體一樣能夠吸收營養。人的腦系統亦一樣，我們無須明白腦系統如何運作，我們也可以自然而然地不斷學習到新的知識。我們的祖先，就是憑這套能力，令我們可以不斷繁衍，並過上不斷改善的生活。我們的學生亦應該天生有這樣的能力，我們大可以放手讓他們自然而然地進行學習。

施永青
鄉師自然學校贊助人
中原集團及中原地產創辦人
am730 創辦人

自校與我

白駒（謝家駒）

　　大約十五年前，我去大埔郊區探朋友，他們夫婦兩人與八歲的女兒住在偏遠的村落。我們成年人閒話家常之際，她的女兒偶然會插上一兩句，她年紀雖小，但説話卻很得體，我隨口問她在哪裏上學，她答道：「自然學校。」我未聽過有這樣的一間學校，於是叫她介紹一下，才知道原來是一間另類學校，成立了不久，當時全校只有三名學生，她就是其中一個。後來我刻意了解多些這間學校，認識了當時的校長一葉。第一次見面，他就提議我也起一個自然名，我毫不猶豫便説了白駒，因為我的名有「駒」字，而一葉知秋令我聯想到「白駒過隙」。

　　剛巧當時我正編寫一本關於社會企業的書，了解到自然學校正好是社會企業的好例子。當時的一葉校長似乎未聽過社會企業，所以他有點驚訝，於是我便向他解釋何謂社會企業。事實上，很多人都不大了解社會企業的定義或性質。

　　社會企業是自負盈虧的公司，但有清晰的社會使命；鄉師自然學校是以公司註冊（自然教育有限公司）來營運，又有明確的社會使命，所以稱得上是社會企業。

　　不少人將社會企業與志願團體（NGO）混淆起來，其實兩

者確有相似的地方，主要是兩者都有鮮明的社會使命，而最大的分別則在於經費的來源。NGO 主要靠募捐或贊助來維持；社會企業則主要靠自己創造收入來維持，也可以接受捐贈及贊助，但不會過分倚賴它。

轉眼間，十五年便過去。這段期間我看着自然學校穩步成長，從早期的幾名學生發展到今天超過七十名，老師的數目亦有長足的發展，校舍從無到有，課程發展日趨成熟及多元化。一言以蔽之，成功來得不易，今天的成績確實難能可貴。當然我們也絕不應自滿，可以改進的空間仍然不少。

我抱着「愛之深，責之切」的心情，分享幾點願望：

一、不要低估自然學校可以產生的影響力

我用一個內地教育經驗來作他山之石：「安吉遊戲」。這是在浙江省安吉縣試驗出來的一套幼稚園課程，應用在三至六歲幼兒的教育上。它的特徵是不教傳統的科目，包括：認字、數學、英語等，而是只讓學童在校園內主動地進行遊戲，老師在旁觀察，但不說話、不干預學童的活動，只在出現不安全的情況才介入。整個早上都是遊戲時間，下午則是「反思時間」，老師引導學童討論早上的活動，在不知不覺中提升他們的表達能力、合作精神、解決問題能力等。

這個革命性的學習形式正受到全國重視，不少地區的學校紛紛到安吉取經。甚至引起了國際教育界的注視，「世界經濟論壇」（World Economic Forum）於 2020 年 1 月發佈了專書《未來學校：為第四次工業革命定義新的教育模式》（Schools of the Future: Defining New Models of Education for the Fourth

Industrial Revolution），介紹全世界十六項標誌着未來教育的趨勢，「安吉遊戲」（Anji Play）便是其中一項。

反觀自然學校即使未能走上國際舞台，但在香港正代表着未來教育的趨勢。

二、小可以美：也可以影響，可以無限

雖然自然學校經歷十五年，規模仍然不大，今年學生超過七十名，日後的發展亦並非要大幅度增加學生人數，但小可以美，我們可以有：優良的學習環境、出色的老師（全職及兼職）、與自然生活結為一體的課程、別開生面的課外活動、活潑好學的學生、令人引以為傲的校友及充滿熱心、關愛心的家長。

我們影響的範圍可以超越校園，正反經驗可以與更多的人分享，包括：其他學校的師生、師訓教育機構（如：本地、內地及外地的大學）、辦學團體、教育局決策官員，以至社會大眾。要產生這些影響力，自校師生要善於總結經驗，要善於說故事，要善於運用社交媒體去推廣自校教育理念，要爭取適度曝光，運用大眾傳媒去擴大影響力。

三、改善財務：促進發展及提升同工待遇

眾所周知，自然學校一直以來簡儉辦學，十五年如一日，不少同工出於對學校理想的認同，長期接受一個比較低的待遇；這方面是難能可貴，另一方面卻是不應長期如此。校董會對此也異常重視，並決定大力改善學校財政，冀能同時提供資金發展校務（包括：改善校園環境）及提升老師的薪酬待遇。主要途徑：

一、籌款

二、募捐

三、自創收入

　　籌款及募捐多年來一直有做，今後可以繼續並加大力度。隨着自校的成績及聲譽不斷提升，相信這兩方面的果效皆會更顯著。但我認為更應該重點開拓自創收入，原因是：

　　（1）我們可以發揮自校多年累積的自然教育經驗，設計短期課程、工作坊等，在周末或假日以收費模式提供給其他學校的學生及老師，甚至正接受師訓教育的專上學生及公眾人士。

　　（2）這課程師資除了少數是自校老師外，大部分可以是通過導師培訓（Train-the-Trainer）的校友、家長及情意自然教育課程「大地行者」的畢業導師來擔任。

　　（3）這課程除了可以公開招生外，亦可透過基金會支持來舉辦。這種資助與一般的捐助不同之處，在於前者是通過提供服務取得，而後者則是純粹由於認同我們機構的使命而作出捐助。

　　話又要說回來，雖然覺得自創收入是必須及最可持續的途徑，但做起來卻一點也不容易，因為它需要自校同人有一個深層次的轉變，基本上就是要有創業精神，這是絕不容易達到的。記得十五年前，我向當時校長一葉有過同樣的建議，但未有獲得大部分同事的認同，結果只得把它放在一旁，後來一葉（現稱：天鳥）與清水在自然學校之外開創自然教育事業，做得有聲有色，這對今日的自校同工應該有很大的啟迪作用。

結語

　　以上分享的三點，其實是互相關連及呼應的。我們絕不應

低估自然學校作為另類教育先行者的作用，更不應忽略「小即是美」的威力，但歸根到底，創業固然難，守業也不易，不斷創業更是另一種挑戰。十五年的成就，固然可喜可賀，現在要着眼的是未來的十五年。讓我們攜手合作，繼續創造奇蹟，讓自然教育的理想及實踐，滋潤香港教育界的每一寸的土壤。

謝家駒

鄉師自然學校校董

仁人學社聯合創辦人（2002 年創辦）

社會創業論壇始創主席（2007 年創辦）

夢創成真聯合創辦人（2017 年創辦）

共譜教育的大同世界

暴龍（趙永佳）　牛牛（何美儀）

　　我們的兒子眼鏡蛇於 2008 年插班入讀自校三年級。在這學校一年多的學習生活中，他感到開心，學會尊重大自然，並跟它和好相處，體驗公義，發揮創意，和他人互動、合作；這些經歷改變了我們對學校教育的看法和我們努力的方向。

　　兒子在自校生活初期已經覺得開心。他試過「走堂」，沒有在課室上課一個月，留在自校圖書館看書。當時他的班導師楓葉和海星來家訪，輕描淡寫地問我們知不知道。那時，我感到驚訝的是兒子放學回家並沒有提起這件事，心想：這學校的老師真獨特，竟然可以接受學生這樣做。我們佩服自校老師，知道他們能夠這樣引導學生是不容易的。

　　眼鏡蛇喜歡大自然，喜歡昆蟲、動物，自校校舍環境很適合他。他喜歡在校爬樹、掘地洞、製作捕鳥器等。還有學生會去露營，同學間試過邊嬉戲、邊捉牛屎呢！

　　我們欣賞自校對大自然的那份尊重，我們一家人在這方面也學習到很多。有次小雨老師帶他們外出活動，途中看到路邊有一隻動物的屍體，同學們問小雨很多問題，她便和他們談論大自然、動植物和人類生死規律的事情，也談及尊重生物。後

來他們為那死去的動物舉行了悼念儀式及把牠埋葬。我們覺得這些教育是重要的；我們比較少機會這樣接觸動物，這是難得的學習機會。

兒子也試過在自校「生活法庭」做原告及被告。他覺得學校設立「生活法庭」是好的，讓大家可以負責任。在法庭裏面討論校內公義、對錯這些事情，兒子是執着、投入的。他也享受上選修課。那時一葉校長請同學用校內的枱、凳、紙皮、紙箱之類作為材料去創作自己的基地，這課讓他自由發揮創意，也讓他有機會和他人互動、合作。孩子的童年不但要開心，我們也應給予他們空間，讓他們尋找自我滿足感，這樣孩子才能感到人生是幸福的，這對孩子成長很重要！

我們身為教育工作者，看見教育的問題，也看到在制度下失敗學生的苦況。初時以為這是不可以改變的，直至兒子入讀自校，我們從他的經歷中得到啟發，開始對教育有更多的疑問，也連繫到不同的人，開闊視野；我們會去思考制度、社會的問題是怎樣的，我們可以做些甚麼。在制度改變之前，我們只能夠為個別學校做，例如我們現在只有一間自校，希望可以做多一點。

其後，我們創立了「教育大同」，主張「孩子各有不同，尊重多元，教育才會讓人人學得開心，學得有意義」。我們搜羅教育新思維，開拓教育選擇，助大家一起反思，勇於選擇適合孩子需要的教育模式，共譜教育的大同世界！

趙永佳

鄉師自然學校家長（子女／就讀年：眼鏡蛇／2008-2010）
香港教育大學社會學講座教授

何美儀

鄉師自然學校家長（子女／就讀年：眼鏡蛇／2008-2010）
教育大同總幹事

Every Child is Unique

百合（陳楊碧鈴）

My two sons were enrolled in Gaia School in 2010. When I was inquiring about Gaia School, I had a conversation with the Principal who was Sky Bird（天鳥、知秋、一葉）at that time. He told me Gaia School believes that each child is unique.

This is my belief too. I believe that every child is different, special, and unique in his/her own way. I believe that they are all beautifully created by God the Creator, and that He unconditionally loves every child, desiring that they will know Him as their Heavenly Father and be in His perfect plan.

Gaia School desires children to grow and be nurtured in the nature. Both my sons have grown to appreciate nature while studying in the Tuen Mun school premises. I enjoyed walking up the "rocked steps" as I accompanied them to school. The teachers desire to name themselves, parents and students after an object of nature. Mine is 百合 since I love the lily flowers. The teachers are also passionate in appreciating and respecting nature when teaching the students, and from that, energizing their souls.

My eldest son has always enjoyed putting things together like assembling tools and useful crafts, and the exposure he got from studying at Gaia School further helped develop this potential in him. His "creations" became his toys, things he was able to take and further grow his interest in. His love for nature also has led him to enjoy hiking and trail running. My younger son has been home schooled since kindergarten and was brought up in a clean and tidy home environment prior to studying at Gaia School. The huge campus of Gaia School in a natural environment has toughened him in this area, and to appreciate the side of nature that many others would have an aversion to.

There was no academic pressure or stress studying in such a carefree environment. Although they only studied here for one academic year, my sons had memorable moments from studying at Gaia School. I respect such an alternate school that provides opportunities for different kinds of children to be nurtured to their full potential.

陳楊碧鈴（Chan-Yeo Pack Leng）

鄉師自然學校家長（子女 / 就讀年：游隼、小蜆 / 2010-2011）
陳智思太太
Parent of RTC Gaia School (her children studied in RTC Gaia School from 2010-2011)
Bernard Charnwut Chan's wife

學校緣起及發展

從 1992 開始到未來，
自然學校從理念到實踐的發展

天鳥[1]（劉永佳）　海星（葉頌昇）

三個階段

　　自校這個傳奇故事，大致可分為三個階段。第一階段為 1993 年至 2001 為「奠基期」，主要是由構思到實踐。2001 年至 2007 年為「籌備期」，開辦實驗課程，找校舍，設計課程，為未來學校做準備。2007 至今為辦學期，成功註冊為本地私立小學，正式開辦實踐綠色生活教育的自然學校。

（一）奠基期（1993 年至 2001 年）

　　這時期，由一班崇尚自由主義教育的年青人，以開辦概念學校開始，實行小型教育實驗，及後決定短中長的發展方向，並且開設公司，舉辦導師培訓班，為日後發展，奠定基礎。

　　1992 年「綠色力量」周兆祥老師辦第二屆「綠色小學」，我們因嚮往自由主義的「夏山學校」，大家盡心竭智地蠻幹了三星期。熱情過後，反思和檢討夾雜着實驗理想過後的茫然若失促

使我們重組獨立的教育小組。因為愛自然，在 1993 年以概念學校的形式，成立了無校舍的「自然學校」（以下簡稱「自校」）。當時一年只辦幾次自然體驗活動，實驗在自然中學習的教學原理，規模有限。

到 1996 年，八位幹事在道風山叢林開會，矢志辦好自然教育，開設自然協會（慈善）有限公司（因無校舍，未能註冊為學校），對外仍宣稱為「自然學校」，訂立了辦學宗旨、信念和長遠發展藍圖，期望以十年時間，創建一所實體的綠色小學！

1997 年，累積了幾年前線帶領自然教育活動的經驗，開辦「大地行者」情意自然教育導師訓練班，「大地行者」亦成為自校人才的主要來源。

1999 年，自然協會創辦人清水全職投身自校工作，自校邁向專業化和普及化的道路。在短短一年間，自校發展迅速，不論活動種類、服務人數及對象等方面，都有長足的發展。

2000 年，在一次螢火蟲導賞活動後，我等六位導師吃宵夜時豪情地宣告，決志辦學，把未來學校命名為「螢火蟲學苑」。當時心想：自然教育類同螢光，在黑暗中雖微小，但卻耀眼，足以照亮人心靈深處。

（二）籌備期（2001 年至 2007 年）

籌備期是最為豐富多彩的時期，開辦實驗課程，四出尋找校舍；在「思念營」，討論理念、課程、教學方法；辦活動，凝聚有心人，使他們成為日後的教職員、校董、義工等。

2001 年暑假，首辦「螢火蟲學苑」（以下簡稱「螢苑」）。為了實驗，試行選修科，名為「自然萬花筒」，讓孩子選擇自己的喜好。後來，「螢苑」加入各種新元素，每年舉辦最少一

次，分階段加入「生活法庭」、「主修科」、「生活會議」、「生活導師」等，讓課程設計上更像一所學校，目的是實驗及累積未來創辦學校所需要的技能和經驗，同時集合有志另類教育的朋友及家長，為辦學共同努力。後來，我們也辦過結合自然及學科教育的實驗課程，例如中文詩歌創作的「種籽遊學社」、「自然數學之旅」、自然觀察的「自然學家」、應用對話教學的「自然漫步」、音樂科的「陶笛班」、領袖訓練的「少年行者」等，這些活動豐富了我們對自然和學科結合的教學經驗。同期，內部舉辦「思念營」，是自校理念成形、思想激盪的時間，創辦人天鳥、海星和白鷺，一起共讀另類教育的書籍，討論人本主義的發展。自校的理念、教育目標、課程框架、生活教育、自校教師特質、校園規劃等，都是在那裏討論出來的。

　　2001 年，我們拜訪花蓮鹽寮淨土，得到淨土主人區紀復先生熱情招待，帶領我們實踐簡樸生活，明白要心靈富足，要有追尋夢想的大志，才是最大的幸福。於是，簡樸惜福的理念，成了自校的核心價值之一。簡樸生活的修習實踐，加上耐心等待，讓我們在資金緊絀的困難下，仍能成事。後來，區紀復先生成為校董，不時到自校教導學生、老師及家長，推動簡樸生活。創校前後，多次到台灣拜訪另類學校，主要是種籽學苑、全人中學、森林小學等另類教育先鋒。交流讓我們直接體驗另類學校的面貌，教師不凡的氣度，見識另類教育的實踐模式，也認識了種籽學苑創辦人李雅卿女士及全人中學中文老師李崇建先生二人，我們先後邀請他倆來香港，讓家長和老師，認識另類教育。

　　我們曾訂立目標，希望在 2006 年能開辦學校，於是自2005 年開始成立建校團隊，積極投入籌建工作。可惜事與願

達，因未能找到合適校舍，便延後開校一年。不過，辦學團隊一直努力工作，部分成員更辭職，全身投入。創會十多年，自然協會一直沒有辦公室，既然有心人已聚首一堂，於是大家決定尋覓合適的地方，先建立「綠色教育中心」，把籌建自校的工作和決心延續下去。當時，籌建團隊共六人，除了天鳥和小嵐（創校校長及書記）由建校捐款基金支付薪金之外，實沒有多餘資金聘任其餘四人，因此我們議決用一年時間看看，大家一齊工作，以共享精神，分配每月所得收入。當時我們一顆熱心，認為建校老師有了，創校家長和學生又有了，只欠一個校舍罷了。

那年，我們訂下四大目標：

1. 發展及開辦綠色自主的教育課程，撰寫及落實未來自然學校課程；
2. 加強自然學校準教師培訓；
3. 推行家長教育，使家長認識及了解自然教育；
4. 維持財政收支平衡，建立可持續發展的運作模式。

同年 9 月「綠色教育中心」舉行盛大的開幕儀式，雄仔叔叔（創校校董）重複述說兒子的夢境勉勵我們：「上斜路，見一道有幾十個鎖關住的大鐵門，好嚇人！兩邊一看，則是通暢無阻的小路，出入自如，我於是大笑着縱步上路。」儘管那年辦學之事處處碰壁，或許，尋找校舍一事，只等那通暢無阻的小路出現而已。後來，海龜（河流）加入創校團隊，籌辦了一次為期四天的步行籌款，名為「金秋拾趣行」，帶領支持自校的家庭在大嶼山走四天三夜，露宿於野外，結果籌到大筆善款，讓創校艱難之時，有足夠的資金營運。

2006 年，經中文大學何瑞珠教授介紹，我們和教育局校舍

分配組會面，表達了需求校舍一事。教育局官員雖然認同自然教育的理念，但並不認同小校小班的做法，又擔心我們維持辦學也不容易，故不給予我們任何空置校舍。他們反建議我們先辦自然教育中心，支援全港小學的自然教育工作，若日後時機成熟，才轉營學校。可是我們擔心，一旦答應了，以有限的人力資源，支援全港小學的自然教育工作，恐怕會太忙，丟失辦學的初心，於是我們拒絕了官員的建議。會談不果，未能爭取到校舍，一切由零開始。同年，有朋友介紹屯門一所村校給我們，辦學團體不希望它因無人使用而荒廢。最後，我們決定使用它，只因它背靠郊野公園，位處麥理浩徑第十段，環境自然幽美，綠樹林蔭，校舍大小適中，管理容易。那就是現在的鄉師同學會學校。

2006 年底，我們在土瓜灣一所快餐店內，與鄉師同學會學校鄺啟濤校長洽談接辦之事，發現他們也是教師興學，竟與我們相似。結果，我們一拍即合，鄉師願意租借校舍予我們使用，新學校命名為「鄉師自然學校」，並於 2007 年 2 月 14 日，情人節當天，舉行簽約儀式。

（三）辦學期（2007 年至今）

校舍確定了，2007 年是忙亂的一年，課程設計、行政架構、聘任教師及職工、招生會等工作一籮筐。不過，最難忘的，還是大家眾志成城，很多支持自校的人，合共百多個，把大量物資運到自校，並一同把大大小小的家具搬上那一百四十多級樓梯。

創校當年，校長、老師、職工共六人。招生目標是三十人，但入讀人數比預期少，只有十四人，由一年級到四年級都

有，結果需要複式教學，一二年級及三四年級各編一班。為了達到預期學生人數，我們開學後繼續招生，到下學期，學生人數已接近目標了。

創校首年便有電視媒體來採訪報道，此後每年都有大小媒體報道，於是有家長慕名而來，部分因為孩子有學習障礙，在主流學校飽受困擾。記得有一位孩子因語言障礙，我們面試時並不能聽清楚他說話的內容，但家長誠意十足，便錄取他入讀。他入讀後迅速成長，說話能力提高很多，連原本的語言治療師也驚歎他進步神速。

要有教學熱誠，也要有方法，教育才收效。要達到教育理想不容易，由輔導學生到課程教學，由改革課程到改善教學環境，凡此種種都有很高的要求。我們教師每年都訂立共修的項目，由個人成長到教學方法，以至到外地考察另類學校都有。其中我們共修最多要算是溝通方法，包括「沙維雅輔導模式」和「非暴力溝通」。我們在經年的教學工作中，發現孩子的偏差行為往往觸動到老師的情緒，這和個人的成長經歷有關。當老師能面對內在的渴望時，那麼與孩子溝通的狀況才是最理想。多年共修溝通方法，讓教師能更了解學生的需要。十多年來，學術課程以外，自校一直發展不同的特色課程，有「金秋拾趣行」（登山露營）、「畢業專題」、「畢業露營」、「生活教育法庭」、「生活會議」、「勞動課」等，都深受家長喜歡。

2012 年，居然有九位高年級學生，主動要求留班一年，為的是多體驗自校的學習環境及文化氣氛。那年，我們特別為這九名學生安排了一次台灣遊學，節目包括「蘭嶼原住民文化體驗」及「花蓮簡樸生活體驗」。後來有一年為六年級學生安排台東到花蓮的單車畢業旅行。老師一直務求做到最好，而自校的

發展也漸上軌道。可是，自 2020 年開始，全世界受到新冠病毒打擊，莫名的恐懼令人擔心，政府用盡各種政策，務求截斷傳播鏈，而最影響自然學校的莫過於停止面授這一政策。現今科技和互聯網已很進步，透過網絡開會或授課已是很平常的事。疫情擴散，全世界的學校也得面對現實，實行網上遙距教學，自然學校也不例外。可是，自校一向重視體驗教學，要把它搬到網絡世界，便不容易辦到了。經過反覆討論，我們認為面對這前所未見的大疫症，最重要還是關心家長、學生的心理健康，通過有限的網上教學時間，把教育的重心，往生活教育那邊移一移。學科學習則趁此機會，按學生能力分組教學，改善網上教學效能不佳的情況。另一個重要部分是給學生在家實踐不同任務，例如協助家務、學習煮食、家中運動、寫信給同學及老師等。老師也可請同學嘗試做個人專題研習。同學在停止面授期間，做各種專題探究，例如「香港有毒植物」、「角色扮演孫悟空」、「創作新菜式」等，復課後還須向全班同學做口頭報告。

這兩年來沒法正式上課，有時只有部分學生能回校，學科進度放慢了，但生活學習從沒停下來，反而多了自主學習。當疫情放緩，學生能回校時，老師把握機會帶學生到戶外學習，中英數到學校後山上課的次數反而較疫情爆發前多。老師進一步改革課程，整合現有範疇，推出了「自然生活課」，學科學習多了應用專題研習。我們甚至花更多時間在實踐跨學科的專題學習周上。疫情沒有讓自校全面依賴網絡世界，反而促使我們重新思考課程定位及變革。

困難與收穫

辦自然教育，開另類學校，真的困難重重：沒有教育局及政府政策的支持，找校舍難；學生人數少，收入有限；教師薪金低，難聘請有經驗的老師。學障生比例不小，學生能力差異大，因而教師要自行設計課程，增加了教學的難度。然而，教師團隊有很強的歸屬感，大家都願意為自校付出，不計較薪金多少。經歷移民潮，學生數目仍能維持學校的營運，而表示認同自校教育理念的家長多了。每年畢業禮，家長都會分享孩子成長的經驗，讓低年級家長也看得感動。

自校重視個人成長，重視溝通，讓每一個人可以做回自己。在這開放自由教學的環境，教師不只是付出，同時也有收穫，看見自己的成長，也看見學生的成長，這才是最大的回報。

所以，辦自校再難，大家都願意繼續努力奮鬥下去，希望為香港學生和家長提供另類的選擇。

劉永佳
鄉師自然學校創校校長（2007）及校監（2017 起）
鄉師自然學校中文、英文及體育老師（2007-2016）
自然協會（鄉師自然學校創校團體）創始成員（1993）及首屆主席

葉頌昇
鄉師自然學校創校老師（2007）及校長（2010-2014，2016 至今）
自然協會幹事（2001-2006）及主席（2014-2016）
自然教育有限公司顧問

十滴水

天鳥（劉永佳）

　　十滴水，指十件不可思議的「大地行者班」事件，它們或多或少、或顯或隱地影響着鄉師自然學校，所以值得記錄和閱讀。

「大地行者」的原型

　　1997 年開辦的「大地行者班」，副題是「情意自然教育導師訓練課程」，一直都是為成人開辦的，但這卻是一個美麗的轉化。話說早於 1996 年，我在錦田通德學校任教，負責環保大使獎勵計劃，那時和自然協會另外兩位成員阿鷹（黎菁慧）和小花（梁嘉華）合辦聯校「環保大使」活動，為三間學校共 30 多個高小學生設計為期半年、直接體驗元朗區河流的自然活動。新計劃要起名，我們三位腦震盪一輪，「登」一聲，想到「大地行者」這四字，有孩子在大地上行走的意象，感覺挺美的！待計劃結束，我們準備開辦導師課程，苦思起名之時，想起環保大使計劃用過「大地行者」這名稱，覺得它是有氣魄和畫面感的一個人物形象，且有追源溯本的意思，十分適合。在第一屆「大地行者」學員實習之時，我們三間學校的環保大使則化身為受惠

者。而現在很多畢業的「大地行者」都會與孩子分享自然的喜悅與美。這份意義的延伸，不可思議！

道風山之願與畢業禮致辭

追溯自校的緣起，跟 1996 年 9 月自協成員道風山年會發願有極大關係。當年自協八位創始成員發願十年後創立一所實體的綠色小學，為此我們要栽培人才，很自然就搞導師班，這是開辦「大地行者班」的背景因素。到第二屆畢業禮，我致辭重申自協有一個成立綠色小學的夢想，呼喚所有「大地行者」學以致用，響應加入籌辦工作。清楚記得致辭那天在錦田音樂農莊的黃昏，天邊有霞彩，大地有共鳴，眼神有交匯，內心有呼應，席上有多位「大地行者」主動加入成為辦學的生力軍，其中三位是海星、白鷺和大樹。由此可見，就是這些惦記的願、慷慨的辭、青春的心，堅毅力行，建構成後來的鄉師自然學校，不可思議！

螢火蟲學苑與決志創校

2001 年，「大地行者」辦至第四屆，累積了一批熱心「大地行者」，時機成熟，我們辦第一屆暑期「螢火蟲學苑」來試行理想的課程、教材和教法，考核適當的教師人選，場地在梅窩銀礦灣遊樂場協會營地。四天的「螢苑」空前成功，我在慶功宴上豪情立誓，決定蓄鬚明志，學校開成才刮鬍子，成為一個很顯性的提醒，振作了團隊的士氣。那年秋天，我們組成了「螢火蟲學苑籌備組」，除了我和清水外，海星、白鷺、大樹、青草都是「大地行者」。那年暑期全情投入義務拍攝的海龜（後來的河

流老師)深受觸動,因而報讀第五屆「大地行者班」,了解情意
自然的魅力與價值,這改變了她後來的人生方向,由電台編劇
成為自校的老師,引為佳話。「螢火蟲學苑」夏令營的陽光,煥
發着青春昂揚的希望,不可思議呀!

全身蚊疱與刻苦耐勞

第四屆「大地行者」的班主任大樹,隨團到赤徑參加兩日
一夜的「山情水意生活營」,我們在溪邊紮營,適逢那幾天潮濕
多雨,大家在水上野餐,十分快樂,蚊蟲叮咬也不當回事。露
營結束後,大樹報訊,他洗澡點算身上蚊疱達 200 個!足足一
星期才消散。想深一層,這種去露營,不畏寒熱蟲咬、適應困
難,甚至以此為樂的能耐,就是在「大地行者班」點滴累積而來
的。小樹、小雨和海鳥就是第四屆的代表人物。後來小樹由社
工變身為農婦,小雨成為創校團隊重要一員,而海鳥則是創校
時期自然協會主要的情意自然活動的帶領者。2007 年鄉師同學
會學校鄺啟濤校長留給我們校訓「刻苦耐勞」四字。多少次,留
校工作到夜深,望見鄺校長的四字真言,忽然間就抖擻起來,
不可思議嗎?

兩場自校舉辦的婚禮

「愛」使人走在一起,發生動人的故事。「大地行者」讓很
多男女走在一起,體驗自然,學習愛。這個課程撮合了不少
情緣和婚事,未能盡錄。我只選最經典的兩件:其一是第四屆
的海鳥結識了第三屆的茉莉,情投意合,結成夫婦。他倆有教
育熱誠,海鳥做了幾年自協的職員,推動情意自然教育,茉莉

也做過籌備期的老師。他倆選擇自校校舍做場地，舉行他們簡約而別出心裁的婚禮。其二是第六屆的野人與阿牛，在班上結識，日久生情，相戀成婚。有海鳥的示範，野人也選擇了在鄉師自然學校校舍舉行大型的簡樸婚禮，請了第八屆的和風律師證婚，第八屆的茶花籽負責飲食，雙方交換精心製作的「草戒指」。

這兩場的婚禮有很多老師、家長和學生見證，如同是自校辦喜事一樣。兩對夫妻在「大地行者班」相遇，也曾不同程度參與了自校的創建，因而組織了家庭，生兒育女，同時以情意自然和簡樸生活的方式持家及教養孩子，形成了一個理想的小社區大家庭的生態模式，又一不可思議呀！

創校家長也讀「大地行者班」

「大地行者班」原初為師資培訓而設計的，到第八屆，多了一批想要深入學習自校理念的家長，包括虫虫、蒲公英、浪花、流水、微風等。他們因為有孩子在讀或準備報讀，想進入這個核心課程裏去體驗，結果虫虫成為了自然協會的行政經理，他在 2008 至 2014 年間推動自協發展，成績有目共睹；流水和微風是第一對為孩子就讀自校而修畢「大地行者班」的夫婦，誠意可嘉！其後流水更獲選為自然協會幹事，2016 至 2020 年曾擔當主席一職，對支持自校發展，貢獻良多。其實，自然協會是鄉師自然學校的創辦團體，創校前後的幹事都以「大地行者」為骨幹，小花、竹、樹蛙、楓葉、烈風、小烏龜、一舊雲、雀巢、澤山等都盡心竭力支持自校，特別在籌款及舉辦活動方面，給學校很大的助力。

生機午餐與自校素食文化

生機午餐是自然協會的一大特色，源於九十年代周兆祥博士為身體健康和自然保育而推廣的生機飲食。自第一屆「大地行者班」開始，生機午餐一直是課程必修的體驗，也成為行者們的集體回憶。此午餐文化後來帶進「螢火蟲學苑」及鄉師自然學校，成了校本的素食文化。環顧世界各地以綠色、自然、可持續為主題的學校、社群、團體，素食愈趨普遍，公眾逐漸認識到肉食工業的問題和素食的生態倫理。影響所及，自校家長廚房一直只做素食，在學校戶外學習日，師生都會自備素食午餐，在郊外席地共享。食素，已成為我校教育文化特色之一。2018 年，自然協會將生機午餐正式改名為「愛·野餐」，突出「愛」和「野」兩點，聘項目幹事推而廣之。素食野餐，WOW！

教師必修課程

創立鄉師自然學校的老師班底是「大地行者」，連第一批學校職工小嵐和綠林中人也是，有相同經驗及素養的同事更有默契，更易認同和推行學校的價值理念，「大地行者」課程就是把他們和後來新同事連貫起來很重要的因素。因此，自 2008 年起，第八屆「大地行者班」正式成為自校入職老師培訓班，要求新同事入職後修讀此課程，承接創校的精神理念，和導師群同心同德，培養自然氣質，這是自校師資培訓的特色之一。

情意自然與拜自然為師

自校辦學有三大理念：自然、人本和自主。自然是指「情

意自然」。有關「情意自然」的意念和教育實踐，本書多有介紹，不贅。論其源頭，當然來自創辦團體自然協會，而三位鄉師自然學校創辦人其中兩位：海星和白鷺是第二屆「大地行者」畢業生，大家認同情意自然教育，並在籌備建校期間，將「情意自然」列為三大理念之首，屬全香港乃至全中國首創之舉。2004 年出版的《螢火蟲學苑生活札記》，清水寫〈拜自然為師〉一文，是我校較早的理念論述，從道家思想與中國文化角度看自然教育的重要性和現代價值，值得一讀。糅合中西文化的「情意自然」學校教育，能在香港實踐與推廣，確也不可思議！

製作個人學習紀錄冊（Log Book）

「大地行者班」的畢業要求之一是遞交個人學習紀錄冊（Log Book），目的是讓學員整理及鞏固所學，同時是個人美好回憶的儲蓄，二十多年來它是大地行者們共同的話題之一，師兄姐會帶 Log Book 跟後來的「大地行者」分享「想當年」的經歷。Log Book 後來也加進鄉師自然學校課程的課業類，如小六學生自選的畢業專題，在畢業露營後要做 Log Book；好些自主學習的專題，都要做 Log Book。做 Log Book 已融入自校的教學文化，每年鄉師自然學校的開放日和畢業禮，我必定會走進展覽室閱覽各班同學的作品，其中最精彩的通常是學生的 Log Book。這個由「大地行者班」帶進小學部的課業及評估形式，為學習者及閱讀者帶來甚麼影響，倒也值得以 Log Book 形式做個專題，此為最後不可思議之事。

綜觀「大地行者班」對鄉師自然學校影響之大，無出其右。

甚至可以簡單歸納出這因果關係：有「大地行者班」，所以有鄉師自然學校；沒有「大地行者」，也不會有自校。如是，當要感恩這課程創發的自然協會全人、歷屆的課程導師、歷屆學員，他們成就這美好的因緣，就是今天的鄉師自然學校，合十，感謝！

螢火蟲學苑（2003）：
鄉師自然學校開校前的「情意自然」教育實驗課程

自然協會導師及職員團隊（2006）

鄉村師範同學會主席鄺啟濤校長（右二）、委員楊毓照校長（右一）
與自然協會簽約（2007 年 2 月 14 日）

鄉師與自協簽約日大合照（2007 年 2 月 14 日）

自校首年開學前師生家長執拾校舍合照（2007 年 8 月 12 日）

自校首年開學前整理校舍木凳（2007 年 7 月 29 日）

自校開校首日開學日（2007）

鄉村師範同學會主席鄺啟濤校長（後排右二）、鄉師委員楊毓照校長（後排右一）
自校創校校董：蘇麗珍女士（後排左二）、區紀復先生（後排左一）及阮志雄
　　　先生（前排左二）
自校創校校監：蟋蟀（前排左一）、自校創校校長：一葉（天鳥、知秋）（前排右一）

自校師生探訪自校開校前大埔會址（2012）

自校教職員台灣遊學（2013）

鄉村師範同學會委員出席自校畢業禮（2022）

自校教職員、校董、自然教育有限公司董事及會員
自然學校十五周年「創想未來」工作坊（2022）

自校教職員合照（2023）

校友、校友家長及
校友的中學老師訪談

2022 年 7 月至 2023 年 7 月，與自校校友、家長及校友就讀中學的老師進行訪談，將這十多篇訪談記錄及幾篇昔日校友訪談記錄，以自校的辦學理念去分析歸類內容而成章，藉此呈現自校學生學習及自校實踐辦學理念的概況。

　　五個自校辦學理念，核心理念依次為：

- ‧情意自然教育
- ‧人本教育
- ‧自主學習
- ‧整全人格的陶養
- ‧生活與學習合一

自校師生首次海外遊學活動（2012）

校友訪談

（第一屆至第十屆）

小熊貓

受　　訪：小熊貓（下稱：**貓**）

　　　　　·2006 年參加自校開校前的實驗班

　　　　　·2007 年（開校年）入讀四年級，至五年級下學期

　　　　　退學，預備升讀海外學校

採　　訪：草原（下稱：**草**）

　　　　　天鳥（下稱：**鳥**）

　　　　　清水（下稱：**水**）

訪談日期：2023 年 2 月 2 日

情意自然教育

草：你入讀自校時有沒有參加戶外學習活動？

貓：「金秋拾趣行」去鳳凰山。當日凌晨三點便起床、登山，記

　　得行經一段非常斜的登山路後，小花狗（同學）和我鬥快跑

　　上去山頂，因為我們都想成為登山第一人呢！

草：你比海星還快嗎？

貓：當時有老師、爸媽和一些人在場，有人跑得比我快。近日

　　我執拾舊物，找到那天的日誌呢！

鳥：珍貴啊！那時我們去野餐，常說有張「魔法氈」！

貓：是啊！當時我常常嚷着要去野餐，我們每人只帶一種食物，卻可以吃很多食物，因為全部食物都是共享，我很喜歡這樣！

人本教育

草：你在自校期間，有沒有印象深刻的事情？

貓：最記得應該是那份「開心的感覺」！

草：那是怎樣的情況？

貓：之前讀主流學校，常常要思考「目的」，感到壓力，後來轉去自校，覺得上學就是去玩，去學習是沒有壓力，不會考慮達標，可以是自然地去學習。

水：有沒有深刻的野外活動經歷？

貓：露營由高年級同學做組長。有次，我擔任組長，卻難以跟低年級組員合作，因他們只顧講自己意見，但不願做實事，彼此相處不協調。另外，我不太懂得燒柴，花了很多時間讓大家合作。雖然感到有點困難，但仍然信任自己的能力。

鳥：記得當時你那組同學確實有不少言語衝突，交由你這組長去調解，這確實是個很好的挑戰。印象中，我們老師沒有給予各位小組長壓力，只讓你們自由發揮。

貓：是的。當訓練一個孩子，給予他很多指示，但他做不到的話，便會有大壓力。如果讓他自由發揮，他可以利用自己的能力把工作完成。

鳥：小熊貓，你曾是自校生，現在是一間學校的導師，你認為
　　自校老師有沒有甚麼特質值得強化和發揚？

貓：自校老師對學生充分信任，這是很好和珍貴！你們信任學
　　生，讓學生可以發掘自己的潛能，覺得我在自校就獲得這
　　種經歷。

鳥：當你是學生時，分別看過課堂秩序或混亂或井然的情形，
　　你有沒有發現原因？

貓：有些老師有界線，能夠令同學懂得守規則，更重要的是老
　　師需要梳理自己的心理問題，如果老師的內心有事情，當
　　面對同學時會不自覺流露出來，處理事情就容易有偏差。

鳥：新來的教職員遇到的難題是：想跟學生成為朋友，但又需
　　要他們守規，以便授課，有些教學需要學生細心聆聽，但
　　學生神遊太虛，或只顧提出意見，甚至離座，因為自校文
　　化主流是「自由」，這是常見的情況。

草：這個就是怎樣能夠從「自由」進而「自控」、「自主」的問題。

貓：其實「自由」是要先「自控」的。

鳥：我們有部分學生有學習困難，有同學做不到「坐一會」，如
　　果我們要求他們如此做，這是矛盾的。自校老師學習李雅
　　馨提出「自主學習」的基礎就是「愛」，如果有人言行叛逆，
　　可能是內心掙扎、矛盾，或是他需要的愛未被滿足，首先
　　每個人需要的愛被滿足，他的身體和心智才會比較有能力
　　成長，還有智慧和知識也需要實踐。別期望孩子已具備愛
　　和智慧，就算這樣要求老師也未必可行。這些都是成年人
　　要處理的事情，包括老師和家長。做一個老師的確不容
　　易，因為他要面對的不只是一個人，而是一群人。

鳥：你小學時讀的國際學校和自校有沒有異同？

貓：自校當然有自然元素，很好玩！很愉快！這是重要的。我讀國際學校小一至三年級，功課不多，壓力還可以接受。記得試過被一位老師誤會我欺負同學，他不聽我解釋，後來我哭了，他問我甚麼事，我知道他不會信任我，就隨便編個謊言。

草：那老師不信任你時，你能夠用另一種方法處理，你很懂事！

鳥：看來你對這事印象深刻，感到委屈！

貓：是的。其實我是想幫助那同學。當時同學間分小圈子、互相排擠，我不明白為甚麼小朋友之間會交惡。

鳥：你認為自己不是小朋友嗎？

貓：當時我覺得自己年紀不算小，特別是後來我在法國看到關於社會階級的事情後，認為在自校時，任何人的說話都會被聆聽，受到尊重，不會因你是小孩而被忽視，因而覺得自校是個安全、開心的地方。

鳥：有次和自校家長傾談：「學生做功課是誰的責任？」有人認為家長自己有責任督促子女，也有自校老師表示老師自己有責任按學生能力、興趣來設計功課，使學生不至於不願做功課，那次討論結果是大多數人認為做功課是學生的責任，但在主流學校，老師會向家長問責，他們認為家長也要分擔功課壓力。

貓：那麼你做了多年教育工作，你認為解決辦法是甚麼？

鳥：老師如果在功課安排上已配合同學的能力和需要，但同學仍然置之不理，老師要先體諒他們，查明深層的原因，家

長則可以安排子女有健康飲食、均衡作息及安靜環境，令他們可以專注做功課。

草：為甚麼我們要做功課？全班學生的功課是否要一模一樣？能否設計部分相同、部分因應學生能力而有所差異的呢？可否讓學生和老師一起制定做怎樣的功課？

水：我在想「功課」是不是服務教育的最高願景？是不是服務生命的最高願景？我們集體未有對「功課」有清楚的概念和認識，因此兜兜轉轉。

貓：如果學校清楚知道教育最重要的是支持學生身心整全發展，那麼就可能會知道是否需要那份「功課」了。

鳥：小熊貓提到小時候不覺得自己是個小朋友，是嗎？

貓：當時自校老師對我們學生的信任和接納，讓我不會設想自己年紀那麼小，怎會懂事？到了讀中學，很多時候我就有這個想法。

水：在自校有很多機會讓你們自由發揮。

貓：是的。其實要多謝你們給我們學生這個環境，我們當時是小孩子，只是喜歡玩、喜歡學新事物，想開心；我們小孩子會直接表達喜歡這、不喜歡那，我們並不知道你們要經過多少困難，才能夠給予我們這樣的學習經驗，現在回想，覺得你們犧牲了很多，可能你們不是這樣想，但你們是用自己很多時間去思考如何讓孩子健康成長，我是感激的！

自主學習

草：自校開辦前一年，你是否已跟天鳥、海星學習？

貓：是的。初期我和同學去過海星和白鷺家，跟着轉去大窩村的一個地方，後期是去太和，我們覺得每日就是去玩，很開心！

草：你記得玩過甚麼嗎？

貓：記得有次選修課是教我們錄音，我和小花狗創作故事，也設計聲音效果，我倆還用風扇配音呢！老師讓我們發揮創意，沒有限制我們的創作，現在回想，那時我對同學充滿信任，大家只想着一齊去試、去玩、去學！

整全人格的陶養

貓：當年我的朋友搬去美國加州，我也參加那學校"Education for Life"的夏令營，我很喜歡！那裏的教育理念和自校相近。

草：相近的部分是甚麼？

貓：兩間學校都支持學生整全發展，不是要學生有好成績。這間加州學校重視學生身體、感受、意志、智力和靈性的發展。它和自校不同的是：這學校沒有像自校常常強調「自由」。

草：小熊貓，知道你已大學畢業，甚麼時候開始工作？

貓：我開始工作至今，已接近四年。

草：你在做甚麼工作？

貓：我在美國一個靈性社區"Ananda Village"服務一些來退修

（retreat）的群體，也負責宣傳社區理念工作，並教授瑜珈導師訓練班。

草：你有沒有想過將來的生活、自己生命的目標會是怎樣？

貓：我覺得首要尋找自己在生活上的平衡和在社會群體中的位置，也想改變世界，但認為先要改變自己，這樣才能夠貢獻社會。我希望繼續在美國有機會服務人群，鼓勵他人。我也在尋找自己的目標。

草：你從哪方面去尋找？會不會是宗教、哲學方面？

貓：在靈性方面。

草：假如你沒有讀自校，你想像你會是怎樣？

貓：從前我媽媽認為我不喜歡大自然，其實我只是不喜歡用科學的頭腦去接觸大自然，我覺得如果我沒有讀自校，我不會明白我們連結大自然，是不一定要研究一片葉、一塊石頭，去做科學實驗，我們可以用心去感受大自然，在自校接觸大自然時，覺得很開心、很舒服，沒有科學的判斷。回想那時候自己的狀態，覺得很自在，很清楚自己；如果沒有讀自校，可能我找不到自己內在的中心點，也可能會不夠自信心。

生活與學習合一

草：你記得自校時去露營嗎？

貓：記得！覺得能夠經歷這些簡樸生活，很開心！感到要得到「快樂」，不是向外追求的。

草：小熊貓，你讀自校那幾年，覺得對你有沒有幫助？

貓：那時體驗到讀書不一定要有大壓力，同時加強了自信，不
　　覺得比不上他人，覺得自然地做自己便可以。後來升中，
　　加入社交平台，大家常常談論這樣待人處事最好，那樣穿
　　著衣服是必須的，而成績就要⋯⋯，大家都在追求完美，
　　這些都不是我真正想要的事物，我的自校經驗讓我明白到
　　我們不一定要這樣，要給自己一點時間、空間，返回自己
　　內在的中心點，認清自己真正需要的是甚麼，在自校是沒
　　人談論手機、衣服和成績，沒有人在乎這些，大家只會開
　　心地去玩、去體驗事物、去學習。

貓：同學大多數時間都和家長一起，認為家長也是重要的。我
　　的媽媽十分感謝自校，她認為那時她參加家長課程，幫助
　　她發展自己，讓她大開眼界。

鳥：有沒有例子？

貓：從前她參加家長會感到困難，但在自校參加了一些課程
　　後，學懂表達自己，還結識了一班另類教育的家長，她有
　　了新朋友、新理念，就像去到一個新世界。

銀柳

受　　訪：銀柳（下稱：**銀**）

　　　　　・2007 年（開校年）入讀四年級至 2009 年六年級
　　　　　　畢業（首屆）

採　　訪：草原（下稱：**草**）

　　　　　海洋（下稱：**洋**）

訪問日期：2022 年 8 月 6 日

情意自然教育

草：在自校時，你有沒有飼養昆蟲？

銀：記得入讀自校初期，我常常「走堂」去「捉蟲」，用一小時
去觀察昆蟲，例如：我會捉草蜢給螳螂食。記得老師經過
問我為甚麼不去上課，我回答正在看那昆蟲吃東西。那時
是第一次有機會用很多時間做自己喜歡的事情，我覺得開
心！老師容許我天天「走堂」，我能夠做的事也有限，開始
覺得悶，大約一個月後，我便和老師協議可以捧着那桶昆
蟲入課室，我把那桶昆蟲放在腳邊，我便時而上課，時而
看昆蟲。

人本教育

草：人與人之間的關係，你是怎樣處理的？

銀：到中學時，我與同學、老師在相處中累積了不少壓力，那些負面情緒是沒有地方可以宣洩。

草：你在自校時也有負面情緒嗎？

銀：我在自校，即使有負面情緒也可以處理，至少跟同學溝通時，不會出現那些問題。

草：為甚麼會這樣呢？

銀：在自校，我們同學很多相處時間，覺得我們同學之間有很多共同經歷，比較融洽，就算我們是討論或者爭拗，我們的思想層次是比較接近。至於我們和老師相處的情況是：我們小息有半小時，老師樂意手捧一杯茶，來跟我們學生聊天，也樂意和我們玩球或下棋；有些老師是不介意被我們批判或讓我們表達不同意，還願意和我們深入討論，真是無法用言語形容的「好」。在中學時，似乎就做不到這些事情。

草：自校老師給你最深刻的印象是怎樣？

銀：他們思想比較開放，也會構思很多方法去幫助學生。

草：是哪位老師？

銀：那時候，海星、一葉、楓葉、小雨、河流，他們都會構思一些較有趣、特別的方式跟我們互動。

草：其他同學有像你這樣「走堂」嗎？

銀：很多男同學都「走堂」，大家想做不同的事，有同學走去「捉伊因」（追逐遊戲），有同學去看書，更有同學就是躺在

地上曬太陽、閒息。

草：同學們都在做各種不同的事情，老師有甚麼辦法？

銀：我覺得老師會不開心，他們面對我們應該很傷神呢！老師和我們傾談很多，我們也逐漸入課室。這是自校開校時我讀四年級上學期的事情，之後我直到六年級，也自願留在課室上課，到五、六年級，我是認真聽課的。記得上楓葉（老師）的英文課堂實在歡樂、有趣！還讓我們玩英文遊戲和看英文電影，我小時候喜歡 Tim Burton 這位電影導演兼藝術家，他的電影名作如：《怪誕城之夜》，楓葉便列印那電影歌曲歌詞送給我，我常常拿着那份歌詞唱歌，後來懂得背唱那歌呢！

草：你如何看人與人之間的關係？

銀：我覺得在自校沒有拘束的環境裏，最開心的相處就是良善的相處，包括是對自己良善或是對他人良善。

自主學習

草：在生活會議裏，大家一起傾規則，你有沒有印象？

銀：我們在開校期，當「生活會議」時，是沒有同學參加的，同學們和我只想去玩，可能我們都從主流學校轉來自校，所以當時不明白學校有甚麼事情需要我們一起討論。

草：為甚麼你們後來接受用去玩的時間來討論事情？

銀：我們漸漸在自校生活裏開始出現一些事情，例如：學校打鐘後是否需要排隊才可以入課室？早會要多長時間才適合？小息可以有多長時間？打鐘午飯和早會集合的規則是

怎樣？類似這些事情，我們覺得這些事影響到自己在學校
生活的方便程度，後來我們同學便想一起討論，把這些事
情規定下來。

草：你參加了幾年「螢火蟲學苑」及有自校生活的成長經歷，升
　　中初期，覺得和從主流小學升中的同學有沒有分別？

銀：當時有很大分別，我們對學習的熱情不一樣；記得初中
　　時，感覺部分同學是不知道自己為甚麼要上學？為何一定
　　要得到好成績？就像是渾渾噩噩，被迫上學，而當時我有
　　一種熱誠想去學習和聽課。到高中時，同學們開始成熟，
　　有選課，同學可以選擇自己感興趣的科目，我也可和同學
　　交流一些需要我們比較認真思考的話題，如：學科、社會
　　時事和政治方面。

整全人格的陶養

洋：你在自校時，同學間曾有肢體衝突，你如何看這些事？你
　　是否多數是觀察者？

銀：在我入讀自校後期，我多數是觀察者或調停者，而前期我
　　都有「脾氣爆炸」到想捉住人打的時候。

洋：你在這事中有甚麼感受呢？

銀：我覺得是對一位同學感到抱歉的，那時我們搭建了一個
　　「竇」（私家地方），我們可以鑽入一個像是洞穴般的地方，
　　在裏面可以看書或閒適，後來那位同學真不幸！他看見床
　　墊便只顧走在上面跳，但那床墊其實是我們的「竇」的頂
　　部啊！當然是全部搭建塌下來，那一刻我認為他是故意破

壞我們的「寶」，便生氣追打他，老師制止我，我便坐在學校樓梯繼續發脾氣，我覺得深刻的是海星（老師）竟然不是來訓話，他是開導我和那位同學的情緒，讓我訴説自己生氣的原因，因為當時我認為那同學是故意破壞，海星給我知道那同學感到抱歉，還請我嘗試用另一個觀點、角度去看這事，會否對這事有不一樣的理解。相信如果在一般學校，被老師看見這事，我們就只會得到嚴重處罰！

洋：請你再分享和自校同學深刻的事情。

銀：和同學之間的回憶真的很多都精彩，特別深刻的是：當年有位「好串」的同學，他跟其他同學衝突，我去責罵他，自校有棵青檸樹，那同學摘下一顆青檸回頭對我説：「信不信我用它射盲你隻眼？」那同學竟然這樣對我説，我便去「生活法庭」狀告他，他已是常常被同學告的。有次我們打閃避球，發現那同學技術高超，更重要是我看到他在球場上「救隊友」時，他比被救隊友更開心，而且他會合作，到我做隊長時，便揀選他成為隊員，我倆漸漸在球賽外也有默契，不再作對，我們分享食物，交流想法，他曾經常常欺負他人時還「笑騎騎」，後來當他得到他人信任和與他人交流時，在後者的情況下他是更開心。這同學對我影響算多，讓我有個看法：一個人如果在合適的、對的環境裏，他會比較良善。

洋：請你分享和自校老師深刻的事情。

銀：和老師之間也是有很多深刻事情，露營、爬山、「身水身汗」的經歷，其實我喜歡戶外環境，活動時我會很奔放，

但感覺辛苦或疲倦時就想放棄，記得海星會叫你：「想辦法撐過去！」他會用獎勵刺激你去接受挑戰。一葉是我們的體育老師，有次我做掌上壓到第 11 次，做不來便伏在地上，記得一葉對我說，他覺得我是有能力做到，問我要不要放學再試一次，嘗試堅持做下去；後來我再做掌上壓時，就做到 20 多次。我記得他說過：「感覺疲倦時，嘗試不要停下來，摸索一下自己的極限。」

校友訪談 3

玫瑰花

受　　訪：玫瑰花（下稱：**花**）

　　　　　‧2006 年參加開校前實驗班

　　　　　‧2007 年（開校年）入讀四年級至 2012 年六年級
　　　　　　畢業（第三屆）

採　　訪：海星（下稱：**星**）

　　　　　菜心（自然教育有限公司總幹事／2018）

訪談日期：2018 年 12 月 13 日

情意自然教育

星：來到自校現在的校舍後，你有哪些難忘的事？

花：這裏有很多動物，例如鸚鵡，也有貓，還有許多飛蛾，我
　　　們喜歡捉來玩。

星：怎樣玩？

花：捉住牠們，讓牠們在手掌中飛來飛去，會感覺到牠在裏面
　　　移動，我喜歡這樣。

星：你喜歡自校哪些地方？

花：很喜歡去露營，那時每年都會露營。我記得第一次去露營時我哭了，哭着要回家，要找爸爸媽媽，但慢慢玩了幾天後，就沒有想回家的想法了。

人本教育

菜：你覺得自校老師有甚麼特別之處？

花：他們記得我們所有人的名字，中學老師未必都記得。自校師生不多，基本上全校都互相認識，相比中學，這裏更像一家人。這裏的老師也比較細心，例如：小雨（老師）做和解的角色。老師和我們一起玩耍，也常聊天，做錯事也會找我們傾談。

星：你怎樣適應中學生活？

花：升上中學，我不敢隨便發言，級主任開始時很兇惡，可能對着中一生要扮惡，否則他們會不聽話。這是跟自校的最大分別，自校老師不會對學生兇惡的。

整全人格的陶養

星：你曾幫助一位被人欺負的同學，是嗎？

花：我有個中學同學，他是男孩子，但他很弱，被人欺負都不作聲。有次有同學開了 IG 的戶口，專門出帖子取笑那男同學。我去找這個同學理論，問他可不可別做這麼過分的事？可能我比較重視朋友，結果跟他談完後，他就刪除了那個戶口，沒有再出帖子。

星：你很有正義感，這跟自校的學習有沒有關係？

花：應該有的，這裏大家會互相幫助，有甚麼事都會互相傾訴，喜歡有朋友，不想朋友受傷，所以到了中學我仍會這樣幫助人。

菜：你記得在自校互相幫助的事例嗎？

花：實際事件不太記得了，但我們去露營都是分工合作，一些人起營，一些人做其他事。

星：你怎樣看你媽媽把你轉來自校這決定？

花：很好啊！我覺得我開心的回憶應該比其他人多，一些難忘的經歷也許其他人沒試過。例如我很小已經去過露營，又去過台灣，走的路也比別人多。我還記得以前做過回收賣鐵，很開心的，可以推着手推車去賣廢鐵，賣得的錢用來買維他奶。

星：升上中學，你覺得自己和在其他小學升上來的同學有甚麼不同呢？

花：我是更願意表達自己，做事多點主動。在自校很多事情都要親力親為，打掃、佈置等都沒人幫手。我在中學會願意留下做壁報，可能習慣了自己佈置課室，增加歸屬感。跟其他同學不同，我會想留下多做點事，所以參與很多活動。因為我小學已經是這樣做了，所以我並沒覺得好像一些同學所說，是自討苦吃。願意表達自己的意見，有些同學不肯說自己的想法，而我就會甚麼都說出來，因為在自校都是這樣，有不滿要說出來。

生活與學習合一

星：你覺得在自校得到甚麼？

花：獨立。在自校要自己洗碗，去露營要自己揹背囊，又沒有
爸爸媽媽陪伴，很多時間要自己一個人完成。還有規定每
班都要打掃校舍和課室，懂得搭營幕。現在露營是用氣體
爐具，我們那時是用柴生火的，我想如果把我放到荒山野
嶺，我應該死不了的。

蜈蚣

受　　訪：蜈蚣（下稱：**蜈**）

　　　　・2007 年（開校年）入讀三年級至 2012 年六年級
　　　　畢業（第三屆）

採　　訪：翠絲鴨（下稱：**鴨**）（自校職員義工／2016）

訪談日期：2016 年 4 月 27 日

自主學習

鴨：你認為在自校有沒有塑造你的性格特質？

蜈：入自校之前，我性格比較隨和，別人說做甚麼我就做甚
　　麼，比較沒有主見，雖然有朋友，但也不多。進入自校，
　　我可以自由發揮，可以認識到和我的性格相近和投契的朋
　　友，個人也越來越有自信。

鴨：是因為認識的朋友多了有自信，還是有其他原因？

蜈：一來是認識到朋友，二來是自校的老師會給機會我們去嘗
　　試，不會因失敗而責備你，更不會只看分數。可以說自校
　　上堂的氣氛直接塑造了我的性格，在這兩方面令我在中學
　　有好的表現。

鴨：你覺得在自校最大得着是甚麼？

蜈：主動性，因為上課時候老師讓你問，讓你不停發問、不停去嘗試，我們在圖書館又會主動找書來看。主流小學就是坐着聽講，然後返家做功課，做完功課過一段日子便考試，然後又繼續聽講。自校的學習自由很多。

鴨：這種主動性能否延伸到你的中學學習？

蜈：也不錯吧！我的思維反應比較快，都是在自校鍛煉回來的，要自己思考多些，英文老師也說我思考是比較快及成熟，雖然我自己不太覺得，但我也留意到自己思考快過其他人，我覺得其中一個原因是在自校訓練得多，多思考讓自己思維清晰和習慣從多個角度看問題，這都算是讀自校最大的得着。

整全人格的陶養

鴨：如果沒有入讀自校，你覺得你會是個怎樣的人？

蜈：我沒有在意想過……如果沒入讀自校，我猜我會少和異性接觸，多數只會是同性的友伴，或者比較害羞。另外，應該不會這麼喜歡做運動，我在以前小學都有體育課，時數比較少，課外活動方面我以前會跳芭蕾舞，都是比較靜態的項目，但入自校後我活躍多了，老師會讓我們玩羽毛球、網球、閃避球等，平時小息亦有玩遊戲，如：「兵捉賊」，我自己也喜歡多走動。來到中學，我參加「長跑隊」、打籃球，平時都會做運動。如果沒有入自校，也許我依然還是在跳芭蕾舞、放學便會返家的人。

鴨：同學之間相處方面呢？認識了好朋友嗎？

蜈：我自己的性格是比較有自信，我認為這也是自校的功勞。

鴨：除此之外，你剛提到一件事——自信，你說比其他同學有
　　自信，你是怎樣察覺到的？還是在自校已經知道自己是很
　　有自信的人？

蜈：記得在中一的口試考試，我會放膽去說，那時十七個女同
　　學中，有八、九個同學都不敢說話，就算說話也會很細
　　聲，雖然我英文比較差，也會怕說錯，但那時想到有甚麼
　　詞彙合用就全說出來，可能因為我夠膽說，所以通常都合
　　格。

鴨：自校有沒有教品德？

蜈：一葉（現稱：天鳥）老師經常教做人的道理，當時我們同
　　學覺得他很老氣、很悶，我們畢業後回頭看，才發現他教
　　懂了我們許多。另外，他也教我們詩詞，現在中學都會
　　教文言文，有些詩詞是那時候一葉已叫我們背誦，令我現
　　在學得很順利。

校友訪談 5

大樹

受　　訪：大樹（下稱：**樹**）
　　　　　　·2010 年入讀四年級至 2013 年六年級（第四屆畢業）
採　　訪：海星（下稱：**星**）
訪談日期：2013 年

情意自然教育

星：你在自校有甚麼開心的事情？

樹：我從傳統小學轉校來的，會容易比較到分別，開心的地方
　　是這裏學習比較靈活，同時會多點接近大自然。或者有人
　　認為接近大自然沒甚麼特別，但我覺得真的有不同，在大
　　自然學習，人不會沉悶，讀書時樂趣多了。

自主學習

星：有哪位老師的教學最能令你體會到自主學習呢？

樹：例如上您的數學課吧！您覺得學習是自主的事，您教完
　　課，我們就有功課要做，早點做完就可以離開課室。我覺

得這樣是給我們有選擇。人長大了就不是甚麼都可以選擇。有選擇就可以自己衡量判斷，覺得自己可以做到就去做，即是有彈性。在自校不會有統一的學習模式，很多時是自己去選擇。

星：你畢業後升讀中學，過了不久又回來自校要求重讀，是嗎？

樹：是的，起初我以為那中學是適合我，結果他們的重點也是填鴨式教育，我問自己這樣是否適合我？從我離開那校，就讀一間音樂夜校一年課程到畢業，前後已經三年，剛好過了初中時期，之後我報讀一間高中課程學校，主修音樂，副修藝術，那時真的找到自己想要的東西，後來在入讀大學副學士課程前，獨自去德國進修德文兩星期，也體會到當地文化和音樂風氣，他們會在街頭玩音樂，免費供途人欣賞，這些經歷很深刻！在德國有位老師對我說：「最重要是你的心比其他人成熟，為甚麼來到這兒你仍想要『音樂』這個小眾的選擇？因為你知道自己的心想怎樣，你的優勝之處是知道自己的路要怎樣走。」我不是為了勝過別人而選擇音樂，而是我的心喜歡！

星：你沒有讀那三年初中，對你考 DSE 有沒有影響？

樹：我在中四時努力追回三年課程的學習，只是疲倦一點，影響不算大，反而那三年有很多內心掙扎，但更了解自己想要甚麼，這三年不是停滯，而是汲取令我向前的養分。

星：高中那幾年怎樣？

樹：高中同學的成績都比我好，覺得自己甚麼都不懂，我心想怎麼辦？結果壓力又來了，跟初中時一樣，但這次我選擇

接受，因為我覺得人長大後要面對的事也未必都是完全配合自己的，難道這樣就不繼續向前走？無論如何都要面對，我繼續留在那校，漸漸了解到他們的運作和教育理念，就開始適應，他們的氣氛有點像自校，都是開放型，很多時候可以給你選擇，到中四那年，可以選擇自己喜歡的學習事情，純粹享受那兒的學習氣氛和藝術氛圍，在準備考 DSE 的過程是享受的，可能是我喜歡學習。我覺得自己學懂越多，個人的生活也越豐富，這兩方面我會盡力去平衡。到中六「操卷」，很多人覺得痛苦，但我感覺還好，可能我已習慣了再嘗試的心態，只要努力過，「搏盡無悔」。

星：你會容許自己失敗嗎？

樹：我以前是不接受的，現在慢慢學習中，我認為溫習是需要的，但平衡更重要，在家自學時已比別人早一點學到自主學習，這個也是自校的宗旨，如何去平衡玩耍、生活作息和學習，在自校和在家自學的經歷，令我懂得怎樣引導自己去學習。

星：你最喜歡自然學校的東西是甚麼？

樹：我覺得是自校的學習氛圍和理念：自然、人本、自主，長大了才開始理解這三個詞的意思，而「自主」是我最喜歡的，它包含很多意義，是平衡，也是選擇，選擇自己想要的東西，或者決定要做的事，但在選擇中要有平衡，可以選擇不上課，但不是不上堂去做無謂的事，要兼顧做選擇後會學習到甚麼，這就是平衡，我最喜歡自校有選擇，同時教懂我甚麼是自主，到我漸漸長大，我了解到甚麼是我想要的，許多人考完 DSE 也不知道自己想讀甚麼，自主學

習就是培養你的興趣，提供空間給你思考和選擇，了解自己真正喜歡甚麼，這是自校才有的。

星：你怎樣形容你自己？

樹：我應該是個清楚自己想要甚麼的人，這是很重要，慶幸我知道自己想怎樣。聽說有些大學生不肯定自己想讀甚麼科目，選科時隨便選擇，或者選熱門的科目，而自己其實是不喜歡的，或者有其他更適合自己的東西，他不懂得去選擇。

整全人格的陶養

星：是不是長大了，經歷多了，才體會到自然學校對自己品格的影響？

樹：是的，人長大了，才發現自校對自己的影響，是老師的行為影響同學，不是用嘴巴就行，老師對同學的關顧，教導時是身體力行，他們做事堅守學校的宗旨，會感受得到，從而令我們自己有所領悟。

星：記憶中，我們有一次露營是非常狼狽⋯⋯

樹：那次完全是「災難」，絕對難忘！那次去荔枝莊，當晚「超級大雨」，營帳的支架都被沖歪，同時我的物品全都濕透，整個人像睡在河流上，連我的手機也濕透壞了，之後我們像「逃難」一樣，去了原居民的家裏暫避。第二天早上，發覺背囊十分重，原本已經不輕，背囊浸濕後重量像多一倍，此刻我完全不知道當時是小朋友的我，為何會拿

得起那個背囊呢！但露營對於我們是一種磨練，心志會變得更加堅強。我認為老師很有毅力，可能是他們的言行令我們同學有信心，那時我們真的很徬徨，也有在想：是否應該要求救援呢？但我看到老師們很冷靜，他們令我感到情況可以控制，讓我的心也安定下來，當時老師是重要的角色，他們繼續做原定要做的事，不被特殊情況打亂，這樣令我們的心安定不少。

星：你覺得人生最重要是甚麼？

樹：有目標，或者有夢想，否則人會沒方向，不知道要做甚麼。在人生路上，有甚麼令你走下去，就是你的夢想和目標，例如：我想做指揮，就要懂音樂，所以我去學習音樂。

生活與學習合一

星：在校園生活裏，你有特別開心的事嗎？

樹：最開心的事和最深刻的體驗就是露營，老實說是真的很辛苦，但正因為這種辛苦，才體會到在家是很幸福。在露營過程中會學到很多東西，你不會只是問人應該怎樣做，因為老師都沒空理你，所以要靠自己解決，當然你不用呆在課室已經很有趣，有甚麼小學可以讓你生火、搭營呢？如果不是自校，我真的不會懂探索和接觸很多未知的東西，例如：大自然、昆蟲等等，我都覺得很有趣！入讀自校前，媽媽問我想不想去自校，我很記得那時我立即答「不想」，媽媽問我：「為甚麼？」那是我在擔心到自校讀書是

學不到知識，後來我又想：「不如試試吧！要體驗過才知道的。」最終就入讀了，之後的感覺不得了！對「學習」這個想法有翻天覆地的轉變，發覺「玩」不代表學不到知識，在這個不同的校園生活裏，學到的東西比書本上還要多。譬如：老師帶我們到台灣蘭嶼那次旅程經歷，我認為是培養同學之間的友誼和學習相處為主，也了解到當地文化，我們在徒步環島期間，去過不同的部落。

星：分享一下家人安排你入讀自校的想法和感受？

樹：我入讀自校，家人也覺得很開心，是媽媽陪着我一直走這條路。那時我住在筲箕灣，自校在屯門，她不可能每日送我上學，於是我自己返學，當時我是小四生，我也想不到為甚麼當時我可以這麼厲害！到我長大一點，媽媽對我說，在我成長期間，她也跟着成長，她要學習怎樣放手，放手給小朋友自立，信任他。我認為家長如果捉得太緊，不是小朋友不行，而是自己放不下他們。有些親戚勸我媽媽不要讓我讀自校，媽媽都有過掙扎，其實她也希望得到家人支持，也要負擔私校的學費，為甚麼要付錢去一間家人不贊成的另類學校呢？她真是相當困難，幸好最後媽媽堅持信任我，也信任自己的決定，她覺得有價值！我認為如果有家長要帶小朋友來自校，他們對自校的了解和支持是很重要的，家長要信任小朋友，如果小朋友未適應，家長可以向他們解釋，或者陪伴他們。

雪橇狗　貓頭鷹

受　　訪：雪橇狗 (下稱：雪)

　　　　　・2010 年入讀三年級 至 2014 年六年級 (第五屆畢業)

　　　　　貓頭鷹 (下稱：鷹)

　　　　　・2010 年入讀三年級至 2011 年退學

採　　訪：海星 (下稱：星)

　　　　　菜心 (下稱：菜)

訪談日期：2019 年

情意自然教育

星：貓頭鷹，你喜歡自校的原因，除了開心，還有甚麼？

鷹：這裏可以感受到大自然氣息，在其他學校則不會有，這裏
　　就算很骯髒的東西，例如：牛屎也可以玩！

菜：雪橇狗，你在自校經歷過「非一般」的相處模式和學習，但
　　去到中學就截然不同，有沒有想過老師和同學有何表現與
　　自校體驗有別？

雪：老師就不清楚，同學都當我是「奇葩」，到底是女同學的問

題，還是我自己有問題呢？有時看到她們的行為，不禁令我「懷疑人生」。有隻蝴蝶在身邊飛過，她們就尖叫，跑得遠遠的，我在想：「只是蝴蝶、白鴿吧！又不會吃人的。」我每次看到她們這樣都感到難以理解。

人本教育

星：你的行為放肆嗎？說一次你放肆的經驗。

雪：在自校做的事大部分也很放肆，在外人眼中根本不是學生該做的。這裏甚麼事都有可能發生，上課期間同學走出班房、爬班房的門、爬上櫃頂之類，在別的學校是不會發生的，若有的話，就算不被開除，也要去見訓輔老師。

星：這裏令你最喜歡的就是這種自由？

雪：是的！做小孩子該做的事，釋放他們的活力。

星：其實當時你們的行為令老師很困擾！你認為這種釋放小孩能量的事，不論對與不對，都應該做，但有危險的話，老師仍是會干預的吧！

雪：如果同學預備或者在做有些危險的事，自校老師會向我們解釋為甚麼不應該做，而外面學校老師只會制止你，學校純粹禁止，不會向你解說。

星：自然學校還有甚麼令你喜歡的？

鷹：開心！可以整班同學一起玩，其他學校連玩耍都要安靜，要守規矩，這裏可以瘋瘋地玩。

星：你意思是可以無拘無束、放肆地玩。

雪：自校的環境令人放鬆，沒有規矩限制的放鬆，外面做甚麼都有規矩，這樣不准做，那樣不准做，這裏不會，當然也有底線，這是我們將來出來社會要注意的事。自校會讓小孩做想做的事，並鼓勵他們去做，除非那件事真的很危險，老師才會勸阻。

星：你覺得自然學校給了你甚麼？

雪：很多的自由，現在我就讀的學校幾乎沒有。

星：這種自由對你來說有甚麼好處？

雪：可以釋放自己的壓力，我回來就覺得很舒服，很自在！

自主學習

星：很多家長都有疑慮，如果送小朋友來讀書，這裏的學業成績、學習方式等可不可以跟中學銜接，或會影響到將來的生活、就業。

雪：我覺得這是個人問題，如果在小學、中學階段已找到自己的目標，將來出到社會是沒有問題的，如果從小到大都沒有目標，就會像我現在這樣，有點迷失。

星：假設這裏可以令你學習很好、成績很好，再升讀好的中學，人生會容易些嗎？

雪：如果是這樣，不如去讀主流學校，不需要來自校，自校做得最多的是幫你找目標，提供機會讓你們去試很多不同的東西。

整全人格的陶養

星：你覺得人生最重要是甚麼？你追求怎樣的人生？

鷹：人生最重要是「經歷」，每個經歷都可以造就一個改變，如果沒某個經歷，你整個人生可能會不同了！

星：自校有鼓勵你去累積經驗嗎？

鷹：有的，這裏甚麼都可以試、可以玩，不適合就可以再找其他的。

雪：我覺得人生最重要是不要對自己所做的事後悔；另一樣是「知足」，我也覺得很重要，不要過於貪心，要活在當下，要感謝自己經過或做過的事情，令自己有滿足的心，不要奢求過多，越奢求就會越痛苦。

大獵豹

受　　訪：大獵豹（下稱：**豹**）

　　　　　．2010 年入讀一年級 至 2016 年六年級畢業（第七屆）

採　　訪：草原（下稱：**草**）

　　　　　海洋

訪問日期：2022 年 7 月 27 日

情意自然教育

草：你記得對自校的第一印象是怎樣？

豹：我未去自校讀一年級前，爸媽已是自然協會「大地行者」
　　　（第八屆，2008），所以我已經參加很多自然協會的自然活
　　　動，有時活動地點就是自校。

草：到一年班讀自校，有沒有深刻的事？

豹：爸媽帶我由家出發步行山路三日兩夜到自校，那日便是我
　　　入讀一年級的開學第一天，其中一夜是在爸媽預訂的酒店
　　　休息，也到自校家長茶花籽家過夜。

人本教育

草：你有沒有印象深刻的老師？

豹：首先一定是河流，她做了我們六年的班導師（班主任），我們有很多經歷，她和咖啡豆還帶我們去台灣，到河流生病時，我們去探望她，而咖啡豆教導我們玩曲棍球，打曲棍是我們其中一樣重要的事，記得我們在校外比賽一直得亞軍，直到六年級最後一次比賽機會，終於取得冠軍，我們真的很開心！還有天翔，他是我們的駐校藝術家，我的「畢業專題」是畫畫，我喜歡他「搞」的藝術空間，很舒服，也很美！他們三位好像就是我的小學回憶！

自主學習

草：在自校六年，有沒有開心的事情？

豹：可能最開心是六年級和同學們、兩個老師一起去台灣，我們九日行程，主要是騎單車和去原住民的地方，可以和一班熟悉的人去一個不熟悉的地方，又一起做一些平常不會一起做的事，如：騎單車，是一個新體驗！無論那時候還是到現在，覺得可以和朋友、同學一起去做一些事情就覺得很開心！

草：你的畢業專題題目是做甚麼？

豹：我選擇畫畫，這功課很深刻！我從一年級開始到五年級，一直在聽六年級師兄姐這個專題報告，所以當我要做這個功課時，覺得是很大件事，也因為我可以做自己喜歡、自己想表達的事，所以對我來說，這是我很想做得好的事，

也像是我人生中第一個 project！

草：你曾提到覺得自校不看重「讀書」，其實「讀書」的另一個
　　概念就是「學習」。你覺得在自校有沒有學習到甚麼？

豹：現在覺得首先學習到的是自己去思考，記得河流曾提出做
　　「茶藝」這項目，兩個同學一組開設一個茶檔及做報告，我
　　們要自己去完成，後來我在中學就沒有那麼多空間給我們
　　同學發揮。

草：「學習」其實是一個很寬闊的概念，「讀書」只是其中一個手
　　段，並不是「學習」的全部，自校的學生會得到一些個人的
　　特別學習經歷，如果一般小學，學生就是集體做功課，這
　　些特別經歷，你覺得有沒有陶養你哪一方面的品格？

豹：我覺得是「自主」，但後來升上中學後，就覺得已被抹煞
　　了，因為我們的一切都要跟隨老師指示，老師會叫你做
　　PowerPoint，這些都沒有太大發揮空間。

整全人格的陶養

草：自校有「生活法庭」和「生活會議」，你記得嗎？

豹：我對「生活法庭」比較深刻，我曾做法官，但比較深刻的是
　　我被法庭審判的那件事，現在想起也認為那是不應該做的
　　事，那時候我們一班男同學曾對一個同班女同學起哄，那
　　位女同學感到不開心，之後我們便要到法庭被審判，之後
　　我被媽媽責罵，經過這事後，我是有改變的，就是做一件
　　事之前要考慮清楚，因為小時候的自己是很衝動，想到做
　　甚麼就去做。

草：法庭的判決是怎樣？

豹：不記得了，覺得那判罰不太重要，對我來說，媽媽責罵我才是重要，因為當媽媽也責罵我，我就明白到這件事是很嚴重的。

草：那麼爸爸有沒有責罵你？

豹：他不需要責罵我，我已經很驚！

草：你有沒有想過自己將來會做甚麼？或是身為一個人應該是怎樣過一生？

豹：有的，最近我睡不着時也會想這些，我在看一本書《人類大歷史》，是爸爸推介我看，這書提及人類現在有很多東西，都是人類自己建構、製造出來，而且我們很多時候都會跟隨這些東西走，在公開試放榜前，我也睡不着。

草：那麼當時你在想甚麼？

豹：我在想：如果我考得好會怎樣？考得不好又會怎樣？就是對未來有很多想法，但再想深一層，其實我是不知道自己是甚麼，就是將來找到份好工能賺錢又怎樣，如果貧窮又會怎樣，會想這些，但又想不到答案。

草：有沒有想過這樣生存下去的未來有甚麼意義呢？

豹：有這樣想過，我自己沒有一樣很着迷的東西（人、事、物），但有時就要迫切去做一些事，例如：上班、讀書，所以我都不知道，是有一點混亂。

草：我讀大學有段時間，會沉迷地想：為甚麼我是我呢？

豹：都有這樣想，因為我讀佛教中學，讀了三、四年佛學，不斷重複提到的就是「五蘊無我」，就是說我們這軀殼裏面沒有「我」，而是由很多東西合成的，可能我有這個想法的基

礎和認識，自己就會反思這些多一點，但反思完後，你仍
然是要這樣生活，就是沒有甚麼改變。

生活與學習合一

草：你覺得你經歷過自校學習生活，會令你和中學同學有分別
　　嗎？

豹：可能是和他們的興趣不一樣，例如：我會想去行山，但他
　　們就不想。

草：會不會就是你會願意接近大自然多一點？

豹：可以這樣說。

螳螂

受　　訪：螳螂 [1]（下稱：**螳**）

　　　　　‧2010 年入讀一年級至 2016 年六年級畢業（第七屆）

採　　訪：草原（下稱：**草**）

　　　　　海洋

訪問日期：2022 年 7 月 1 日

情意自然教育

草：在自校的經驗，你覺得你和大自然的關係是怎樣的？

螳：經過六年自校生活，多次行山、玩水，晚上看螢火蟲，在大自然中玩，令我認識大自然多一點，覺得大自然是人類需要去探索和尊重，認為人類是大自然的一分子呢！

人本教育

草：你初來自校時的情況是怎樣？

1　受訪者校友螳螂，並非本書另一篇辦學理念文章提及的螳螂同學。

蟬：由於我在幼稚園二年級的經歷，令我來自校（一年級）初
　　期，拒絕入課室，不然會大哭，媽媽向班導師河流解釋，
　　她讓我和媽媽在課室外的長凳坐，我觀察周圍的人和事，
　　漸漸便可以入課室。現在回想：自校會為了同學的個別需
　　要，讓他留校慢慢適應，覺得很難得！

草：你有沒有喜歡的自校老師？

蟬：河流老師，因為和她相處時間最長，她是我的一至六年級
　　班導師（班主任），覺得她對我照顧有加，教導最多；另一
　　位是咖啡豆老師，相處時間也比較多，她教導曲棍球，我
　　和同班同學在選修課時都揀曲棍球，她教導我很多事情而
　　沒有責罵我。

草：到中學時，有沒有你喜歡的老師？

蟬：有！因為那老師講課有趣和個性風趣，但在中學與老師相
　　處的時間和在自校的相比，前者的時間比較少，中學老師
　　和我通常都是談學業。

自主學習

草：你的「畢業專題」是甚麼？如何做？

蟬：我選「功夫」，當時看過電影《葉問》，覺得功夫「勁」！碰
　　巧數學老師火星懂詠春，便邀請他做專題導師，我倆去香
　　港文化博物館看李小龍展覽，也去圖書館蒐集資料和看了
　　一部李小龍功夫電影。

草：如果現在你再做這份專題功課，你會怎樣做？

蟬：當時我只是簡單地報告選題原因及相關資料，如果再做，

想再深入研究，提及更多自己對於功夫的看法、感受，當時的我，還未懂得表達很多。

草：做完這個專題功課，你學到甚麼？

蝗：明白到「主動學習」是一種權利，自己應該多主動去做。

草：在中學有沒有自己選擇和決定的學習機會？

蝗：高中時可以選修科目，我選修歷史和「資訊及通訊科技」，必修中、英、數和通識。

草：你覺得通識科是怎樣的科目？

蝗：我覺得通識科是所有科目中，最貼近我們現在生活事情的科目，其他科目是前人留下的知識。

草：你覺得通識科有沒有讓你有思考的機會？

蝗：有！答題時，有時可以接受不同答案，有點變化，讓我有機會用多角度的思考方法。

草：事物是立體的，可以不只用一個角度去看，通識科是比較可以從整體去看事物。

草：你有沒有在自校學習的事情可以分享？

蝗：自校的小息時間比較長，我看到同學玩蛇板，也想玩，就嘗試踩，起初同學指教，但多數時間是自己扶靠着牆去踩，之後便常常踩，後來有社際蛇板比賽，我們有四社：風、火、山、林，我是山社，最終我贏了這比賽冠軍，這過程是由自己想學，學懂後常練習，然後得到實力被肯定。

草：你有這次經歷，你認為要成功做到一件事的重要因素是甚麼？

蝗：我覺得對這事感興趣是重要，有興趣便會花時間去做，當

然要有勇氣不斷嘗試及把握機會。

草：訂定目標也重要，你可能下意識有「把它做好」這個目標。
　　現在你仍年輕，可以珍惜、善用自己的人生，像大自然一
　　樣生生不息，一路發展下去。

整全人格的陶養

草：在自校有沒有不開心的事情？

螳：四年級時，河流（班導師）預告有位插班生有社交障礙，
　　後來，我看見他常常獨自做事和玩樂，同學和我替他改花
　　名，玩集體遊戲時也針對他，這些事累積下來，我和他的
　　關係變差，有次我倆在圖書館，我取笑他，結果他發怒捉
　　住我的頸壓向書架，火星（老師）將我倆分開，那時我也感
　　到憤怒及不開心，後來河流平心靜氣地告訴我那同學這樣
　　對我的原因，也教導我如何和他相處。

草：自校有沒有同學被趕出校？決定過程是怎樣？

螳：有的。自校有「生活公約」，如果同學有三次「嚴重違規」，
　　學校會請他退學，在「生活會議」中，可以提出討論公約，
　　經投票修改，也有「生活法庭」，「學生法官」要向「老師法
　　官」表達意見，最後由「老師法官」判決。

草：你覺得這些機制對你的成長有沒有影響？

螳：我曾擔任「學生法官」，覺得有機會學習判斷同學的事情。

草：看來自校規則不是純粹要學生接受，同學有機會一起討
　　論、建議、參與和若干程度的執行。

螳：這過程讓我多思考事情的細節，也影響到我會提醒自己不
　　去犯同樣的事。

草：日後如果你成為父母，要教導子女時，你會怎樣做？

蟬：我會盡量控制自己的情緒，少責罵；因為自己的經驗，覺得責罵孩子是會傷害到他們，他們會深刻記得這份恐懼。

草：你有沒有試過被「生活法庭」審理？

蟬：有的，我和幾位同學取笑那同學後，老師便提出開「特別生活法庭」，記得法庭判我較輕的處罰，理由是認為我是跟隨高年級同學去做，這次聽到法官解釋，我才真正明白到每個人都有獨特性，例如：有些人是可以接受互相取笑，當成開玩笑，但有些人卻會感到非常不開心！

草：你在這次經歷，還有沒有學到甚麼？

蟬：也學到不要隨便跟隨別人做事，就算是比自己年長的人，也感到與人相處交往真的需要顧及別人的感受。

草：這是同理心！

蟬：是的！對這事是深刻的，因為由放學直到天黑才審理完這事呢！之後和那同學可以像朋友般相處，直到一起畢業。

草：如果讓你總結在自校的經歷，你認為對你的成長影響最深的是甚麼？

蟬：我認為自校給予我很多自由，有很多機會可以表達想法和發表學習成果，給我思考自己事情的空間，學習自己做決定，這些自由對我來說是重要，覺得自己和中學同學有些分別，我會比較願意和習慣思考自己的事情。自校也有很多學習讓我增強了自信心，自校有很多活動，通常我會先認為艱難而不想參加，像「金秋露營」，其實當初我是接受不到要去露營呢！

草：你的第一次露營是怎樣？

螳：那時我念四年級，那次露營期間遇到暴風雨，同學要全日留在營帳，和我同組的高年級同學是小鴨、黑豹和飛龍，我是年紀最小，晚上非常凍，我們「瞓」睡袋及把自己所有衣物穿上，擠擁在一起睡來取暖，現在回想其實是開心的！

草：為甚麼覺得開心？

螳：因為可以和高年級同學一起，他們也照顧我。

草：有沒有哭？

螳：有！高年級同學也哭呢！我們在帳篷裏哭，哭完便玩遊戲卡。

草：有沒有找老師？

螳：沒有。我們相信老師也只會請我們自己安頓心情。

草：有沒有學習紮營？

螳：有！在學校練習。我在低年級時，便跟海星校長說明自己不能去露營，當時我心想：還要在荒山野嶺過夜！記得他回答：到時再算吧！到高年級時，我還是做到了，之後也享受露營，老師會讓我們自由地去附近沙灘、樹林遊玩。

草：如何運用自由和限制，這是個需要思考的課題；自由不是指隨意做事，也要懂得尊重別人的自由，自校給予同學很多機會去嘗試，同學也要避免限制自己，質疑自己；年輕時可以勇於嘗試，要避免在實行自己自由時，妨礙他人自由。

草：你知道自校艱苦經營，你會不會幫助學校？

螳：之前跟其他校友回校，跟高年級家長及同學分享升上主流中學的適應經驗，如果學校再邀請我，我會樂意。

草：明年你中學畢業，有甚麼打算？

螳：我喜歡打鼓、敲擊，預備報讀相關學校。

草：學習甚麼科目是一回事，更重要的是自己有向上心，每天
　　的自己比昨日的自己有進步，中國有句話：「君子以自強
　　不息」，不用跟他人比較。

生活與學習合一

草：在自校這幾年，有沒有你覺得最開心的事情？

螳：六年級和同班同學、老師去台灣畢業旅行；我們早上在鄉
　　郊騎單車，沿途在民宿休息，又會去獵人學校，體驗原住
　　民的山林生活，也會去市區旅遊。

草：自校對你個人及你的未來生活有沒有影響？

螳：讓我有保護環境的觀念，盡力實行，例如：盡量吃完自己
　　有的食物，減少買膠樽飲品，外出帶水壺。

腔棘魚

受　　訪：腔棘魚（下稱：**魚**）

　　　　　‧於 2012 年入讀一年級下學期至 2017 年六年級
　　　　　畢業（第八屆）

　　　　　水泉（下稱：**泉**）

　　　　　‧腔棘魚的爸爸

　　　　　‧鄉師自然學校校董及家長教師同盟主席（2015-
　　　　　2018）

採　　訪：草原（下稱：**草**）

　　　　　海洋

訪問日期：2022 年 7 月 27 日

情意自然教育及自主學習

草：你的畢業專題功課是甚麼？

魚：到台灣看飼養螞蟻，去研究螞蟻，現在記憶還很深刻呢！

草：為甚麼你會選這個題目？

魚：我一直對螞蟻感興趣，對動物都感興趣，有些同學可能不

理解，他們在自校，只會拿起一塊石頭說：很重呀！然後便走了，但我會留下來，看泥土上的昆蟲，看牠們是甚麼類別和活動情況，了解一下大自然是怎樣運作的。

草：你在自校對螞蟻產生興趣，覺得對你現在和將來有甚麼影響？

魚：現在行山，有時會看到紅樹蟻，英文名是 Asian weaverant，不是紅火蟻，不用怕！紅樹蟻的牙算大，但給牠咬只會有點痛，不會有甚麼事。我也有幾次的親身經驗，牠們會在樹上做巢穴。

草：自校是否給你很多接觸大自然的機會？

魚：小時候已對動物感興趣，後來在自校，有非常多時間去學習有關動物的事情，加深了我在這方面的興趣。

草：那麼你將來長大後，會否做一些和自然界有關的工作？

魚：這個會考慮。現在讀中學，有幾年可以考慮前程，如果學習動物方面的知識，要考慮讀生物科。

草：畢業那年有很多活動，有沒有印象深刻的事情？

魚：畢業露營去赤徑，記得那裏有很多牛！還記得老師說我身有臭味，我覺得去幾日露營不必為洗澡而煩惱，應該先做好煮食及豎起營帳呢！最後一天我們離營時，我便去洗澡。在完成「跳海儀式」後，我便去河邊沖身，覺得去露營就是這樣玩，不需要太講求乾淨，可以讓自己在這幾天有點髒，讓牛煩擾一下自己，給自己一些挑戰！

草：你們從四年級就開始去露營，有沒有碰過深刻的事情？

魚：記得有次在小組裏，我負責帶領生火，雖然還未能完全做到「開火」，但之後維持柴火我做得很好，那時候我請同學去執拾樹葉，有位低年級同學只撿了一塊樹葉給我，他又說去撿樹枝，終拾了一支回來，我唯有接受，並叫他繼續努力。

草：「開火」要用甚麼？
魚：試過用火柴、火機、火石，也試過在太陽下用放大鏡，但未試過用木。
草：你是何時去第一次露營？
魚：小時候已和家人露營，但自校露營在三年級開始。
草：自校露營是怎樣的？
魚：食素、自己生柴火，不用氣爐，跟平常和家人露營一樣，但禁用手機。

人本教育

草：你覺得在自校，學習到最重要的是甚麼？
泉：兒子可以有自己的節奏去長大，初時他的文字能力弱，自校老師適量地幫助他，他在長大過程中，內在有情緒衝突，自校允許他有這些情緒，這樣可以讓他保有個性，無需要太早去改變他的模式，讓他有空間，保持自己。

整全人格的陶養

草：你提到可以幫助他人，為甚麼你會有這個想法呢？是受爸爸影響嗎？

魚：是的，因為他曾做家長會主席，之後任校董，每次畢業禮，總是最後一個離開，覺得他這種助人的工作很有意義，我們須賺錢維持生計，但不是做任何事都需用錢去衡量，有時幫助他人，例如：幫人開門、幫忙收拾垃圾、幫忙搬抬東西，不為甚麼，只求心安理得。

草：就是有時候收穫不一定是金錢，有些東西比金錢更加重要。

魚：幫助他人時，看到他人開心，自己也會感覺快樂。

草：你回自校做義工時，是協助哪年級的同學？

魚：是三年級同學，他們很頑皮啊！學校去游泳，我幫助照顧他們，得到家長的感謝。

草：你記得和他們相處時是怎樣的？

魚：一般吧！經過這一段時間，現在才知道如何和他們溝通會比較好。

草：是用甚麼方法呢？

魚：首先不要像大人模樣跟他們說話，要和他們玩，放下身段，將自己變成和他們一樣，但有時候就要做回「大人」，有一回，自校舉行行山活動，我幫忙做「水站」，全程負責帶着 5 公升水，如有人的水飲完，便給他補充。期間也幫忙照顧學生，回程時有不舒服的同學，我便帶他們下山。

草：你在課堂上幫忙的情況是怎樣？

魚：去年上數學課，內容簡單，如：加減乘除，我都懂的！班上做數題時，有些同學厲害，有些則不想嘗試，當時有位同學計錯數，我便用數手指的方法給他解釋，他就慢慢地

學，他會自誇，又會貶低同學。我作為一個小學畢業及中學退學的學生，在教導他時真要費盡心思，絞盡腦汁。最近回自校，看見他們長大、成熟了很多，他們的能力也有進步，例如在說話及踢足球方面，我也感到很開心！

海馬

受　　訪：海馬（下稱：**馬**）

　　　　　・海馬於 2014 年入讀一年級至 2019 年六年級畢業
　　　　　（第十屆）

　　　　　紅樹林（下稱：**林**）

　　　　　・海馬的媽媽

採　　訪：草原（下稱：**草**）

　　　　　海洋（下稱：**洋**）

訪問日期：2022 年 7 月 27 日

情意自然教育

草：在自校六年，有沒有印象深刻的事情？無論是開心還是不
　　　開心的事，都可以告訴我們。

馬：應該是畢業露營，它給我深刻的印象，現在還不時回憶起
　　　那幾天做過的事，特別是和班導師（班主任）一起的光景。
　　　六年級班導師阿水帶我們去畢業露營，她跟我們做了很多
　　　好玩的事，例如：一齊去踩牛屎！是那隻牛「新鮮做的」，

軟軟的，看上去真的覺得恐怖、特大坨。我們三個女同學和阿水一齊倒數，然後一齊踩上它，阿水還踩得很深，可以看到她的腳印，這事還歷歷在目呢！

草：那麼，有沒有臭味？

馬：沒有味道的。

草：看來你們覺得很好玩。

馬：是的！

草：海馬，我覺得你哥哥的自然名很特別，你知道他是怎樣懂得這自然名的嗎？

馬：他常常看一些有關動物的電視節目，有時會介紹海洋生物，也許其中有腔棘魚，他就想用這做自然名。

草：看你們一家人的自然名，都是和水有關的。

林：家裏的三位成員都很喜歡海，但我卻怕水，所以用紅樹林這自然名，就是身處水邊便可以，不需要去到深水的地方。

人本教育

洋：有沒有令你印象深刻的老師？

馬：我最喜愛應該是阿水。她在我讀四年級時來自校的，當時是我們專題課老師，後來是我們五、六年級的班導師。我覺得她是一位很有活力的老師，就算自己不開心，也希望可以令我們開心。其實我們同班同學是頗頑皮的，我們不聽老師講課，自己在玩，但她仍會想出很多辦法讓我們可以專心上課。記得有個計劃叫「儲波子」，後來也變成了「儲石栗」，就是她在課室裏放了一個樽，樽上畫了一條

線，如果我們全班同學能夠儲滿到那條線，便可以一齊開派對慶祝。

洋：如何可以得到那些石栗果實？

馬：如果我們上課時太嘈吵，老師會在黑板畫一個記號，如畫滿某數量，那一堂便得不到石栗，若相反，就有可能得到幾粒石栗。試過儲滿後就去看電影，覺得那天太美妙了！我們是在閒暇時，不用上課，才一齊去看電影。我們也有玩「扑西瓜」。

草：那個「扑西瓜」遊戲是由誰想出來的？

馬：是全班同學投票玩的遊戲，為慶祝我們儲滿了石栗。雖然曾有同學在蒙眼時不小心被扑到，擦傷了頭，但他很好心，毫不介懷，還怕扑傷他的那位同學受驚，在自己受傷躺下休息時，告訴那同學不用怕，他沒大礙，不用擔心，他反而安撫那位驚慌的同學呢！

草：現在你在加拿大讀高中，你覺得這學校和自校有甚麼分別？

馬：這高中也算是小校，當然學生人數仍然是比自校多。我覺得自校是一體的，各級的同學有很多機會接觸和互相認識，像是個大家庭，但在這中學就是各年級有自己的事情，看來像是幾個不同的小圈子。

草：你喜歡現在的中學嗎？

馬：不及喜歡自校的程度。我覺得，我很多人生中最重要的經歷都是在自校時發生的，例如：畢業露營。現在我最好的朋友，都是在自校裏認識的。到現在為止，我最開心的經歷都是在自校裏發生的。

草：紅樹林，你對女兒的經歷，有沒有甚麼補充？

林：我可以感受到女兒真的很享受她的小學生活。在她幼稚園時，已知她的性格是比較認真及對自己要求很高，因此不想讓她去傳統學校，因為學習壓力及老師的嚴格要求，相信只會令她付出更多、更加緊張，所以我們當初便想讓她去自校，希望可以給她一個比較寬鬆的環境快樂自由地學習。其實最初她去自校時並不喜歡那環境，因為她覺得骯髒，後來她去了幾次，遊玩時認識了朋友，那時我們剛好開始安排她讀小學，她就表示喜歡自校，所以我們便替她報讀，讓她和哥哥在一起。現在看來，她在自校收穫那麼豐富，真是我們意料之外！

自主學習

草：你的畢業功課專題是甚麼？

馬：流浪狗的生活。

草：你是如何做這份功課的？

馬：去了香港幾個地方尋找流浪狗，看看流浪狗的生活是怎樣的，又去狗場了解那些被遺棄的狗的情況，也有和一位同學寫了封信給漁農處處長，告訴他我們對於人們遺棄狗隻的看法，不過現在已忘記內容了。

草：做這份功課的過程裏，有沒有困難？

馬：不算困難。我是和爸媽一起完成這功課的，原定做這專題報告是有一位專題導師，後來他指出我很少找他，我就是自己默默地完成的。最後專題導師也幫助我預備發表這畢業專題報告，和我一起編排發表內容。

草：看來這畢業專題功課大部分也是你自己完成的。

馬：是啊！

草：你去哪兒找流浪狗？

馬：我和爸媽去屯門山路、偏僻的村落。

草：看來爸媽很支持你。你會否害怕被狗追咬？

馬：不怕！我一直喜歡狗。

整全人格的陶養

草：你和自校同學仍然有聯絡嗎？

馬：我們同班同學算是維持得很好，幾日前我們也有見面，因為我們去了奧地利的原先班導師阿水最近回港，約我們見面。談到自校同學時，她覺得我們內心比較單純、貪玩，我們是頑皮，但不是壞蛋，我們內心都是善良的。

草：自校有生活法庭，你有沒有試過成為被告？事情是怎樣的？

馬：有的，原因是我叫同學外號。記得有位低年級同學，其他同學替他改了外號，而我試過用此叫他，現在覺得這外號實在不好，後來他就告發我們。我們接受法庭的處罰比較特別，就是要我們寫下若干讚美那同學的字句。當時我們為了想盡快完成處罰，以便小息去玩，所以隨意寫道：「你很高！」、「你踢球好厲害啊！」……後來，我們沒有再叫他的花名，而從那次讚美後，他便開始主動跟我們聊天，還帶生果和我們分享。不知怎樣，漸漸我們也成為了朋友。

草：你有沒有想過長大後做甚麼工作？

馬：想做獸醫。從小我便喜歡動物，自校有很多昆蟲，同學們都喜歡拿來玩，有些會殺死毛蟲，有些會殺死蟑螂。他們這種「變態」行為，我認為就算自己不喜歡小蟲，也不應去傷害牠們，反而該嘗試去拯救牠們。六年級時，在女廁看到一個樽，樽裏有很多油，有隻蟑螂浸得半死，我嘗試用各種方法把牠倒出來，其實我是不喜歡牠，但看到這個情況，仍然想去拯救牠。

草：看來你對動物存有愛心，其實生命都應該值得我們去愛惜的。

情意自然：喵星樹（竹夢自然學苑老師：海龜繪，2023）

情意自然：「金秋」日落（自校生：陽光繪，2023）

情意自然：高小「金秋」
（自校生：貓頭鷹、小麋鹿、小企鵝、怕醜草、流星繪，2023）

情意自然：「金秋」沙灘

（自校生：蝌蚪、天天、大白菜、陽光、飛天超藍巨星、自然繪，2023）

人本教育：「金秋」露營

（自校生：森林、蟹、空氣、蓮花、飛天殺人鯨、水星繪，2023）

自主學習：社際足球比賽（自校生：綠龜繪，2023）

自主學習：閃避球學會（自校生：自然繪，2023）

整全人格的陶養：好人好事（自校生：飛天超藍巨星繪，2023）

整全人格的陶養：勞動課齊齊掃（自校生：綠龜繪，2023）

生活與學習合一：美味水果（自校生：繡球花繪，2023）

生活與學習合一：素食（自校生：飛天超藍巨星繪，2023）

校友家長訪談

一粒星　兩粒星

受　　訪：一粒星（下稱：**一**）

　　　　　・校友的父親

　　　　兩粒星（下稱：**兩**）

　　　　　・校友的母親

　　　　　・校友銀柳於 2007 年（開校年）入讀自校四年級至 2010 年六年級畢業（第一屆）

　　　　　・校友蜈蚣於 2007 年入讀自校三年級至 2012 年六年級畢業（第三屆）

採　　訪：草原（下稱：**草**）

　　　　　海洋

訪問日期：2022 年 7 月 18 日

情意自然教育

草：銀柳有沒有在自校發展出一些興趣？

兩：他喜愛了在校內觀察自然事物，如：昆蟲。

草：他升讀中學初期有沒有適應的問題？

兩：中學要他們坐着學習的時間很長，接觸大自然的機會減少了。那時兒子入讀一間在西貢的中學，附近也有自然環境，間中有蜘蛛出現，同學的反應是：踩死牠！兒子會立即阻止他們，他想保護那蜘蛛。他回家告訴我，看到這些事情感到很不舒服，相信他面對這些事情，適應得很辛苦。

人本教育

草：你們入讀自校時（開校年），已經去屯門校舍嗎？

兩：是的。當時家長們和我們也感到疑慮，因為看到在校的情況和宣傳提及的情況有差距，但我認為我們還是賺到比較多，賺到子女成長的空間，外面的學校真的沒有空間給小朋友，子女之前就讀外面小學低年級那幾年，就是不斷做功課、抄書、默書，完全佔據了我們的家庭空間。

草：當時你們由一般小學轉讀自校，看來你們就像和子女去碰運氣。

兩：是啊！外面小學老師會跟你說一些令你感到壓力的說話，如：你的兒子其實很優秀，只要家長再努力幫助他（溫習）便可以入到 band one 學校。我認為兒子的"RAM"（隨機存取記憶體）很寶貴，不應用來硬塞一些死知識。我們入讀自校，最重要的是可以善用我兒子的"RAM"，雖然當時入讀後，有感到矛盾，但也沒有太後悔。

草：你覺得子女讀自校有得益嗎？

兩：他們的得益是可以重建對學習的自信心，我翻看兒子之前就讀小學的作文功課，文中有些問題微不足道，但老師卻作出大量修改，讓他覺得很挫敗。子女在自校的得益是：喜歡返學、上堂，也有很長的小息時間，可以有很多運動、走動的機會，兒子當時也長高了很多！

草：你們是怎樣認識自校？

兩：那時我是幼稚園老師，很留意小孩教育，也受過訓練，知道需要按小孩的程度去教學，我發覺當時所有學校都沒有這樣做，課程完全不是以小孩為本，感到很失望，因此當時一直留意有沒有解決這問題的出路，後來閱讀《教協報》，看到一篇自然協會導師海星的文章，提及他們舉辦的夏令學習班裏有位小朋友有行為問題，他們的做法是先引起那小朋友的興趣，然後告訴他如果想留在班房，便要停止對他人做某些不當行為，那小朋友真的為了留在班房，願意收起拳頭！這文章使我頓然感到：越來越多小朋友可能會有行為問題，如果只是用外力去控制他們，是不能解決問題，小朋友需要有控制自己的力量，這才是可行的方向。後來知道自然協會籌辦學校，我感到很開心！便去聽他們的教育理念簡報會，也替子女報讀他們辦的「螢火蟲學苑」（兒童情意自然教育暑假班），當時學費超值，幾百元便有七日全日制課堂，我還去觀課，因為仍懷疑他們的教學成效，發現他們真的可以引起學生興趣，使他們積極學習。

草：他們是不是沒有責罵學生呢？

兩：不完全是。記得當時某導師也有責罵學生，但導師團隊會

課後觀看上課錄影及檢討教學情況。

草：子女由 2006 年入讀自校到畢業，有沒有後悔這決定？

兩：沒有後悔。

一：我不是後悔，是感到可惜自校未能銜接中學。其實那時為甚麼我想讓子女嘗試讀自校，就是想香港教育有一個革新，相信現在很難實現了。如果當時自校有中學，子女人生的調適效果更好，可以給他們更多時間去貫徹實踐自校的教育理念。

自主學習

草：蜈蚣有沒有去學些甚麼？

兩：她參加過校外歌詠團，但上了幾堂便沒有去，因為她覺得那些歌曲很沉悶。之後一葉（天鳥）告訴我，他觀察到女兒是體操的好材料，我便帶她參加校外體操班，但我們做很多事都是即興開始，未懂得分配時間，上堂後沒有時間練習。

一：後來她持續學打鼓。

草：女兒的畢業專題功課就是打鼓嗎？

兩：是啊！

草：現在她還有打鼓嗎？

兩：她在台灣一間大學修讀流行音樂，就是為了可以學習打鼓，她在自校的畢業專題功課導師是北極熊（他是職業鼓手，也是自校家長，當時義教同學）。

草：她還有修讀甚麼？

兩：主修舞蹈系。

草：這些都是她的興趣？

兩：是的！

草：有沒有想補充分享？

一：我覺得空間對小朋友來說是很重要，記得兒子六年級做畢業專題功課，可以自己決定和另一個同學一起完成砌好一部電腦，我覺得這樣很棒啊！在主流小學因課程和老師的限制，學生做的事可以很沉悶和沒有挑戰性，但自校則少了這樣的枷鎖，所以女兒也能夠自選打鼓，他們做這畢業專題功課都感到很開心！

草：子女對於要去露營有甚麼想法？

一：他們當然覺得開心，反應很正面，有時他們還認為不夠多！所以有個困難就是：中學、社區或教會常辦的活動，對於他們來說是太簡單，沒有挑戰性。記得兒子當時的偶像是電影《加勒比海盜》的 Johnny Depp，電影內容很吸引，充滿冒險精神，這種與世俗不同的喜挑戰、樂冒險的精神深深影響了他，而他由中學至大學碰到的同學和老師都是一群主流精英，彼此經歷和價值觀差別巨大，所以很難深入溝通。

兩：記得兒子升中初期，他覺得同學幼稚。

草：同學像是未有自信、自主。

兩：兒子升中初期，我感到自校和主流學校最大分別是：在自校訓練下，兒子清楚知道自己喜惡，也懂得為自己做選擇，其他同學則沒有主見，跟隨多數人的決定。

草：升中初期，子女有沒有功課壓力？

一：對兒子來說程度是淺的。

兩：女兒則是勉強應付到。當時兒子和兩個自校同學小花狗和
　　迷迭香（首屆自校畢業生）升讀同一間中學，後來他們校
　　內成績很好，都升讀中二的 A 班。兒子感到初中時的科
　　學科太淺，這和他曾讀自校有密切的關係，因為自校老師
　　教導他們理解事物的原理，給他們空間思考，容許他們提
　　問。

整全人格的陶養

草：你看到自校創立最初幾年的情況如何？

兩：我認為開校最初一、兩年是很動盪，因為把孩子放在一
　　起，就像是一群猴子相處般，會有毆鬥、械鬥的事情，這
　　是子女回家告訴我的。我覺得當時老師未能拿捏需要介入
　　的時機，但他們卻認為可以先觀望，讓小朋友他們自己先
　　互動一下。

草：老師希望學生可以自己解決一些問題？

兩：是的，借此建立小朋友他們自己的能力。

草：子女放學回家，跟你們說自校的甚麼事？

兩：他們告訴我們上課的事，例如：同學的搗蛋事和老師如何
　　處理這些事。因為當時發生很多同學的行為問題，所以我
　　和子女都傾談了很多關於這方面的話題。

草：子女讀自校後，他們對人與人之間的關係是怎樣看？有沒
　　有改變？

兩：兒子比較純品，和人相處沒有問題，受同學歡迎。女兒和
　　同學初相識時，不容易磨合到，期間試過杯葛同學，也試

過被同學杯葛。女兒是年尾出生，到六年級完結時，原本是可以畢業升中，但我們覺得如果她可以留自校多一年，會更加穩定，當時同班幾位家長也是替子女這樣想，而同學們都不捨得離開自校。

草：在一般學校，如果同學需要留班是一件很不開心的事，但這裏的情況卻完全不是這樣！你提到女兒和同學相處比較難磨合，情況是怎樣？

兩：最初她和大部分同學都相處不來，只有一位同學和她相處融洽，她便常常和那同學一起，後來遇到其他同學排斥她們，女兒和那同學像是「相濡以沫」！

草：後來有沒有改變？

兩：後來她漸漸懂得為人設想。記得當時有位家長對我說，女兒對她的子女做了一些不好的事，我回家向女兒求證。她承認做過及知錯。我要求女兒在那家長面前向該同學道歉，女兒不太情願，但她還是做到了！

草：女兒當時幾年級？

兩：大約是三、四年級，也是自校開校階段。

草：女兒到五、六年班時，情況如何？

兩：那時她變得頗有影響力，能帶動同學群體。

草：可以舉例是甚麼事情？

兩：由女兒帶頭做的事，同學都附和支持，如：社際閃避球比賽，她能帶動及凝聚社員同學；女兒身形算是「細粒」，但老師卻想她參加籃球比賽。當時我感到詫異，但女兒自己感到沒有問題，就隨老師去參加了。

草：看來女兒是個有信心的人。

兩：是的，她重讀六年級那年，自校老師帶全班同學去台灣蘭嶼遊學，老師觀察到她善待大自然，在團隊中發揮正能量，因此她獲得學校讚賞及頒發獎金，至今，她還保存那獎金呢！我感到女兒經過那次遊學，她有很大的改變，更懂得如何去幫助別人及為人設想。其實那次旅程，有些同學感到辛苦，未能投入活動，但女兒仍積極參與。

草：在你們看來，子女現在的發展和他們曾在自校幾年有沒有關係？

一：我覺得升中初期是有的，主要是當時自校重視社會關懷，例如：帶同學去看菜園村和皇后碼頭，提高了他們的社會意識，這個安排令我開心！因在香港沒有小學會這樣做，學校能夠為他們安排這些活動，加強他們對社會的歸屬感，給他們深刻的影響，但在升中後期，因沉重的課程而磨損。他們升中初期也會「返鄉下」，那個「鄉下」就是指自校，他們會回去自校的中秋晚會，暑假去自校做義工，自校就是他們的「根」，對於他們是重要的，對於人也是重要的，就是可以返回老地方，有你認為重要的人仍然在那裏記掛着你，一般學校是不會有這種「情」，主流教育比較功利，不重視人的「情」，自校不隨俗流，子女即使畢業了，還會聯繫老師。

草：有沒有特別和那幾位自校老師有聯繫？

一：海星、白鷺，也有一段時間和海龜（後稱：河流）聯繫。幾年前子女回港，也有和自校老師聯繫，例如：農曆新年時去探望一葉（天鳥）。有這些聚會是重要的，而給他們最

深刻印象的是小雨校長（2014-2016）和亞竹（自然協會主席，2007-2014）。

生活與學習合一

草：你們認為安排子女入讀自校這個決定，對他們的一生影響會是怎樣？

一：我認為最要緊是價值觀，影響到他們重視人和自然的關係，看待人不會太功利，而且身體力行。有次兒子和中學同學去燒烤，完結時大家想丟棄很多物資，他便把所有物資帶回家，他沒有介意被同學取笑，因為這是他的原則，擇善固執是重要的。女兒讀文科的，校內成績不太優秀，但她會思考、個性獨立，他倆都是重視精神層面價值的人，不會太追求物質。

信天翁

受　　訪：信天翁（下稱：**信**）

　　　　・校友的母親

　　　　・校友恐龍於 2007 年（開校年）入讀二年級至 2013
　　　　　年六年級畢業（第四屆）

採　　訪：草原（下稱：**草**）

　　　　海洋（下稱：**洋**）

訪問日期：2022 年 7 月 23 日

情意自然教育

草：你記得恐龍參加自校戶外活動、露營的經歷嗎？

信：恐龍在自校開學後才插班入讀二年級，他上了幾天學便要
　　參加行山活動。當時我要為他準備食物而不知所措！因為
　　自校要我們準備素食，我便只好做紫菜飯團。當日早上集
　　合時老師告訴我們家長下午五點接子女，我們家長等到下
　　午六點半，看見遠處一班滿身泥塵的同學走來，但看見每
　　個同學都笑得很開心呢！後來知道他們行山時，行經一些

斜坡遇到困難，在老師指導下從斜坡滑下，因此行程也延誤了。他第一次露營就是自校高小的「金秋拾趣行」，自校老師提早教授同學露營的預備事項，因此我也放心。露營時，他試過被雨水淋濕全身，還去做「護火神」，設法令柴火不熄滅，結果成功了，令他有很大的滿足感！

人本教育

草：當年你是怎樣接觸自校？

信：那時恐龍已讀主流小學，他是個守規矩、會做功課的「好學生」，但那學校令他不開心、不安穩，我們有考慮讓他轉校，當時朋友烈風介紹我們參加 2007 年暑假的自校創校簡介會。後來恐龍繼續升上二年級，他一到那學校就哭，接近恐懼上學。

草：為甚麼他會哭？

信：估計是他越來越不開心。特別是他看過那校的老師嚴厲管教同學。每當他進入學校時哭，老師便從我那邊拉走他，這情況發生多次，他越來越不想上學。某天我向學校請假，暗地裏讓他去自校試讀三天，他讀後覺得開心，我們就決定讓他轉讀自校。

草：聽過自校生訴說他們在自校「逃學」經歷，例如：走到課室外看昆蟲打架。

恐龍在自校有沒有「逃學」？

信：他也是「逃學威龍」啊！他說有同學離開座位去看周邊發生的事或和同學追逐，甚至走出課室，老師就請他們返回座

位，自校老師會先滿足同學自發的求知欲，然後滿足他們在學科上的求知欲，老師認為孩子是有「嘗試」的本能。

草：其實他們在課室外做的事情，也是獲得知識的重要途徑。

信：是的！兒子確實因此有所獲益。

草：恐龍有沒有向你提及在自校學習方面的事？

信：這方面不多。但我知道也欣賞自校教學，例如英文科設計是着重聆聽及做錄音功課，也欣賞小雨老師和知秋老師會選取合適的中文文章，如：〈弟子規〉，不會要求同學背誦過多的內容。另外，數學堂上，教完新的數學知識後，只要同學懂得做老師出的數學題，海星老師會讓他們提早落堂，到課室外玩耍，又或選擇留在課堂做老師預備了的挑戰題。我認為恐龍在自校最大得益是老師願意特別為他們「度身訂造」某年的學習計劃，他完成五年級後，我希望讓他多留小學一年，鼓勵他嘗試不同的學習體驗，重讀小五那一年他很愉快！老師要他們完成一些學習項目，還去台灣、澳門遊學。感謝老師的悉心安排，想起恐龍遊學時寫給他爸爸的信，他在信裏清晰地描述自己的見聞，我認為他實在得到了很好的學習經歷！

草：香港有些學生是不適應主流學校的教育模式，而這些學校是沒有方法去處理，也沒有讓學生的獨特能力有發展的機會。

信：我認為學生來到自校可以釋放已累積的負面壓力，到他們青少年期，便可以發揮自己的才能，例如：體藝方面等等。恐龍入讀自校後，他的體能明顯地提高，原因是他常常要行山、游泳呢！

草：你有沒有恐龍去露營的深刻事情？

信：有次他們去露營，晚上氣溫是意料之外的寒冷，急降到六度，當然他和同學都帶不夠禦寒衣物，海星老師便從大帽山營地回到大埔自己家，把所有家中禦寒衣物帶回營地，派發給同學，令我感到放心可以將孩子交給自校照顧。

自主學習

草：你讓兒子讀自校，最開心的是甚麼？

信：看到兒子就讀之前的學校和入讀自校的狀態是截然不同。之前他上學，無論是我還是他爸爸都要將他推入校園，而自校上學時間是早上九時，最初他已是願意準時到校，後期他希望八時到校，因為他想多玩一小時呢！在他四年級時，我便讓他獨自搭巴士上學，先教導他學懂安全過馬路，照顧好自己。看到他變成了喜歡上學，甚至放假時也問哪日再上學，令我安心！

草：六年級的「畢業專題報告」，他是做甚麼？

信：他是畫畫。現在，這幅畫仍掛他自己的床頭，也曾在自校開放日，他向參加者介紹這幅畫。

草：他這畫的主題是甚麼？

信：〈年代〉，由冰河時期到現今時代的演變過程。

草：看到他想表達人類歷史方面的想法。

信：是的，看到他自己的想法，這個主題是他設定的。

草：是他自己完成的嗎？

信：是的，當時他在星期六、日回自校畫畫。

草：有沒有你想提及的事情？

信：我們做自校家長是需要學習有關自校的教育理念。

草：有甚麼特別的事情？

信：開校初期家長是很想認識自校教育，那時我們在自校會買
　　台灣李雅馨的書來看，認同她提出的理念，我們還閱讀
　　《夏山學校》（Summerhill School，A.S. Neill 著），看到自校
　　有參考這些理念，並認識了區紀復先生提倡「簡樸生活」這
　　個理念。

整全人格的陶養

信：記得恐龍六年級畢業時獲得「鳳凰木大獎」，不過不記得這
　　獎的意思。

洋：據我所知，由教職員內部提名候選同學，並要得到全部教
　　職員支持該同學才能得獎，因此不是每屆畢業禮都有得獎
　　同學。

草：得獎標準是看學生在學術方面，還是其他方面？

洋：教職員會觀察學生由入學至畢業期間，有明顯的身心成
　　長，像是有自我突破。自校校舍有棵鳳凰木，開花時很
　　燦爛，這獎項以鳳凰木為名，感到連結自校的情意自然
　　教育理念，別具意義！

信：多謝你告知我。

草：恐龍有沒有跟你提及關於「生活法庭」和「生活會議」的事
　　情？

信：有！他是「生活法庭法官」，後來被委任為「特別生活法庭
　　法官」。記得當時自校認真地邀請了一位律師和同學法官

們傾談法律的概念，感到自校為學生做了很多事情。

草：有些自校生告訴我，他曾擔任「法官」，也做過「被告」或「原告」。

信：當然會！同學也有機會牽涉在爭執中。我翻閱 2012-2013 年度「自校畢業特刊」，海星的文章提及恐龍六年級時狀告一位同學，恐龍指出那同學企圖以自己天生缺陷來推卸責任，想洗清自己罪名，恐龍還對那同學說：「不要以為只是你有困難，我也有呢！」

草：看來這是在困難下成長的印記！自校有「生活會議」，就像有自己的「立法會」，也有「生活法庭」，給同學很好的學習經歷，相信未有其他小學有這種設計。

信：「生活法庭」幫助同學們處理彼此紛爭，並不是由老師去定奪誰是誰非，然後受到懲罰或約見家長。

草：這樣做讓同學明白處事不是純粹看權威，而是看道理。

信：也讓同學可以在過程裏學習如何解決彼此的衝突，這些經歷對恐龍的成長明顯地有好處。當時他回家告訴我在自校學習到個別差異，老師告訴同學其實每個人都有些不同，有些同學會比較特別。恐龍自此便開始懂得去接納、體諒一些比較不同的同學，至今仍然保持這種態度。

草：我們是需要接受他人有所不同。

草：你認為他在中學階段的表現如何？

信：在一間直資中學，他的表現穩步上揚，他本來是不夠信心、容易虛怯，但到中三、四年級時便去做學生會籌備委員會的成員，這個轉變也可能和他在自校及在中學時與同學相處的經歷有關。

生活與學習合一

草：有些學生是有獨特的能力，但沒有機會發展。

信：恐龍喜歡種植，在自校六年便跟着楓葉老師學這方面的知識、技能，讓他這喜好得到發展。

草：有沒有你想提及的事情？

信：開校時，我們家長幫忙清理雜物，把大堆爛鐵用手推車推下山到回收舖，賣得 60 元，這是很難忘的經歷！我也喜歡自校當時的素食午膳，讓我們經歷到一些健康生活習慣，在自校也認識了簡樸生活。記得開校那年冬天，超過四十多天是十度以下的寒冷，綠林中人（開校階段職員）就煮糖水湯圓給我們吃，但湯圓多數沒有餡，偶然有家長吃到的餡料是一粒片糖，大家便高興得鼓掌起來！我們這樣是很簡單，但已經很開心呢！

草：看來我們要得到開心，是因為可以不在乎物質的多寡厚薄！

暴龍　牛牛

受　　訪：暴龍（下稱：**龍**）

　　　　・校友的父親

　　　　牛牛（下稱：**牛**）

　　　　・校友的母親

　　　　・校友眼鏡蛇於 2008 年入讀自校三年級至 2010 年
　　　　　四年級下學期轉校

採　　訪：草原（下稱：**草**）

　　　　海洋

訪問日期：2022 年 9 月 9 日

情意自然教育

草：兒子喜歡露營嗎？

牛：一般。但他喜歡大自然，喜歡昆蟲、動物，喜歡在自校校
　　舍爬樹、掘地洞、製作捕鳥器等。他們去露營，試過邊嬉
　　戲，邊捉牛屎啊！孩子在童年裏感到開心是重要的，也要
　　讓他們能夠尋找滿足感，給予他們空間，這樣孩子才能感

到人生是幸福的，這對他們的成長很重要。我佩服自校老師，知道他們能夠這樣引導學生是不容易的。

另外，我欣賞自校對大自然的那份尊重。有次小雨老師帶同學他們外出活動，大家看到路邊有一隻動物的屍體，同學們問為甚麼牠會死，還問牠死後會如何。小雨便和同學談論大自然、動植物和人類的生死規律，指出處理路上遇到動物的屍體是好的，也談論到尊重生物等課題。他們最後進行悼念儀式，把牠埋葬。我覺得這些教育對小朋友是重要的。多數小朋友居住在城市，比較少機會這樣接觸動物，這是難得的學習機會。

人本教育

草：為甚麼你們安排兒子入讀自校？

牛：2008年他本來在其他小學讀三年級，他遭遇了幾次班主任無理的責罰，我感到班主任對兒子已有偏見；兒子受到屈辱，感到挫折。後來聽到電台節目訪問自然學校的一葉校長，他描述和學生一起研究做焗爐的情況，覺得這種教學有趣，可以給小朋友更多空間，於是帶兒子去自校，和一葉傾談後，便決定申請入讀。

眼鏡蛇在自校初期，某天班導師楓葉老師和海星老師來家訪，他倆輕描淡寫地問我知不知道眼鏡蛇沒有入課室上課已一個月，而他是留在圖書館。當時我們感到驚訝，因為看到兒子放學回家時是很開心，他並沒有提起甚麼事，同時心想：這學校的老師很獨特，可以接受學生這樣做。當

時楓葉提出不適宜讓眼鏡蛇長期留在圖書館，我們認同楓葉的看法，但也了解眼鏡蛇早已學懂老師教授的知識，所以他不想留在課室。我們向老師提出能否接受如果他完成功課後，在課室後面安靜地做自己的事情，我們和老師達成這個協議，最終他願意留在課室「上課」。

龍：其實兒子是個資優兒！

牛：所以在自校這安排下，眼鏡蛇便愉快地度過一年半的自校生活才離開，後來和他回顧童年生活，他認為最開心是在自校的經歷。

草：他在自校感到開心的原因是甚麼？

牛：他感到老師給予他空間，還感到老師信任他，真感恩兒子有這段自校的學習經歷！當時小雨老師常提及來自校的插班生會有「排毒期」，眼鏡蛇的排毒期算短。自校給予他那一個月留在圖書館，就像給予他一個心靈療癒空間，撫平了他之前在那小學受到冤屈下的凌亂思緒。自校老師也給予適切支持，引導他返回課室。他提及在自校那一年半裏都是開心事，放學回家後經常表示的就是「玩到累了！」，看來自校的小學生活也讓他可以歡樂地消耗體力。

整全人格的陶養

草：眼鏡蛇在自校有否去生活法庭？

牛：他試過告人及做被告。眼鏡蛇覺得法庭很好，讓大家可以負責任。在法庭裏討論公義、對錯這些事情時，兒子很執着和投入。他試過被幾個同學圍着打，因此鬧上生活法庭。

草：那麼他應該很不開心吧？

牛：但是他應該也有挑釁同學。當時同學選擇了不正確的處理方法，眼鏡蛇便狀告上生活法庭，這樣讓他自己了解到這件事情的始末，也讓他了解應該如何做會更好。

龍：他知道這事不是制度不公平，不是學校的問題，這樣處理事情他是可以接受的。

牛：這是人與人之間的問題，社會上也會發生這些事情。

草：眼鏡蛇能夠明白和接受這事，他的思想很清晰。

牛：在這方面，他的想法比較成熟，例如：他能夠學習理解到「自食其果」的道理。我覺得兒子在自校的經歷幫助他日後在沒有生活法庭的環境下，自己也能做到平衡自己和他人的關係。

草：為甚麼眼鏡蛇讀了自校一年半便離開？

牛：他自己提出離開的。那時他參加過哥哥的中學活動後，便向我們提出覺得自己「玩夠了！」，想去學另一些事情。我向他解釋最少到五年級才能轉讀國際學校 Year 1，那裏有主流學校的規矩，他是需要適應到才行。

龍：所以他先轉去另一間主流小學。

牛：他在那主流小學讀完五年級，便轉讀國際學校 Year 1。

草：他在那主流小學有沒有感到開心的經歷？

牛：兒子是資優生，在學術上沒有困難。他去到大校面對更多同學，而同班有個同學欺負插班生的他，老師告訴我眼鏡蛇已經在此事做到很克制。

生活與學習合一

草：你們對自校教學的看法都重要，還有沒有補充？

牛：自校是小校，家長參與及互動很重要，選擇入讀自校的家長多數是認同學校理念的。

龍：那時家長每星期返自校一天。

牛：是的，開校初期，很多人捐贈圖書給自校，但未有足夠人員處理，我們便用了一個暑假協助成立圖書館。

龍：那時大兒子即是眼鏡蛇的哥哥也一起去自校幫助整理圖書。我們在自校這個經歷啟發了我們日後在眼鏡蛇轉讀五年級的那學校組織家長義工一起辦活動。當時和家長義工一起籌款及成立英文光碟圖書館，也組織家長給同學講英文故事。

牛：家校合作是彼此先有共同理念，像自校。其次是彼此的時間配合，當家長有空餘時間，便願意參與學校活動，願意為學校付出，一起推動學校理念，並不只是為了自己的兒女而已。

當時自校小雨老師和一葉校長會帶家長打太極、掃樹葉、做學校勞動、煮素食等事情，這些都讓家長有成長的機會，也會將在自校的經驗帶到其他學校。

自然

受　訪：自然（下稱：**然**）
　　　　・校友的母親
　　　　・校友銀河（曾稱：閃電）2009 年入讀四年級至
　　　　2012 年六年級畢業（第三屆）
採　訪：海洋（下稱：**洋**）
日期：2023 年 7 月 22 日

人本教育

洋：為甚麼為兒子報讀自校？

然：兒子小學一年級入讀一間上水的村校，四年級時，有一
　　　回，我如常問兒子要做甚麼功課，他表示完全不記得，也
　　　不想說上課的情況。當時我和先生重視兒子的功課，便將
　　　錄音機放在他的書包，希望收錄老師講課的內容及家課的
　　　指示，以便我們在家幫助他完成功課。意料之外，那次聽
　　　到錄音內容竟是班主任用兩節數學課嚴苛地訓斥學生。我
　　　頓時明白到兒子不想說上課情況的原因，認為不可以讓他

繼續在那校就讀，理由是他對於要上課感到痛苦，但又不
能表達出來，這是「非人生活」。我們朋友的子女在另一間
學校，因受到老師粗暴對待而轉讀自校，由此我們便認識
了自校。

洋：是不是要面試？

然：是的，當時我們見一葉校長（天鳥、知秋、古風）。我們到
　　自校時，自校學生很樂意帶兒子去洗手間和校內其他地方
　　看看。兒子感到這裏同學待他友善、熱情，已喜歡自校，
　　而我們能夠負擔學費，便決定讓兒子轉校。

洋：銀河入讀自校初期有沒有甚麼轉變？

然：首先是他變得開心，這是重要的！在之前學校課堂上，兒
　　子提問，老師會怪責他，同學也隨之附和，甚至標籤他。
　　而在自校，小雨是他的班導師（班主任），兒子提問，小雨
　　會對他說：「是嗎？好的，不要緊！我們先繼續下去。」小
　　雨懂得用平常心去看待他的提問，同學受到薰陶，也用同
　　樣的態度對待他。小雨懂得觀察及培育有特別學習需要的
　　同學。有次兒子和另一位同學合作當課室值日生，由於他
　　試過忘記當值，小雨懂得事前溫婉地提醒他。

自主學習

然：兒子在自校，可以找老師傾談，不會太寂寞，這對他很重
　　要！

洋：銀河會找哪幾位老師傾談？

然：那時候兒子除了找小雨，也會找一葉，兒子想向一葉學

習，一葉會勉勵他。有次家長日，一葉告訴我：他們去露營，他把一個橙遞給銀河，銀河即時把橙交還給他，他便向銀河示範剝開橙皮，銀河也學會了。一葉認為銀河是有學習能力的學生。一葉問我：你可以想一想銀河最初把那個橙遞回給他的原因。我頓時領悟到一葉在提醒我照顧兒子可能是過分周到，使兒子面對其實他力有所逮的事情時，也會假手於人，便不懂自力更生。這是對我們身為父母的人很好的提醒！銀河跟一葉學習的過程中，不曾被他責怪不懂得做或是不樂意做，沒有負面壓力，可見一葉待他友善和樂意教導他，這樣他便不抗拒，還樂意學習。銀河至今仍不時想探望一葉。我認為能夠推行人本教育及培養學生的自主學習能力，實在和老師的個人修養有很大關係。

整全人格的陶養

洋：銀河有沒有去過「生活法庭」？

然：有。原因是兒子在自校時曾被一位高年級同學經常推撞，因此也和他互相追打，後來兒子也這樣對待比自己能力弱的同學。這些事令我受到衝擊，內心不平衡，幸好當時一葉校長對我說：「你的導師——上帝會說：『不要含怒到日落』，首先你要放鬆，還有你要知道，今天和你兒子打來打去的這位同學，將來他倆有可能變成好朋友，甚至是生死之交，所以不要只看目前。」他這番話安慰了我。後來，兒子和那位高年級同學升讀同一間中學，雖然他倆不是同班，但是，當兒子在那中學遇到老師、同學欺凌等這

些不愉快的經歷而耿耿於懷時，便向那同學傾訴，那同學還安慰、開解兒子呢！看來他倆就這樣一起成長。

洋：你曾經介紹朋友參加「吾讀中學」（給中學生的假期學習活動，活動以自校辦學理念而設計，由自然教育有限公司主辦），請你分享關於這事。

然：當時有位朋友跟我說，她的女兒在長假期沒有合適活動，我便向她們介紹「吾讀中學」活動，她的女兒參加了。那朋友和我是同屬一個教會，最近知道她的女兒大學畢業後去面試地盤安全主任一職，我跟朋友說：「這工作要『好天曬，落雨淋』，你的女兒不容易啊！」朋友告訴我，她女兒提起：她曾參加「吾讀中學」時要背着非常重的背囊和步行很遠的山路，覺得這樣比去地盤工作辛苦得多，認為自己去地盤工作只是小意思呢！朋友的女兒還感謝她讓自己參加，又感謝我給他們推介這個活動。後來，他們的家庭發生了很多轉變和困難，她女兒也提到認為「吾讀中學」培養了她的自信心和勇氣，讓她能夠面對那時候家中的考驗。

另外，就我所知，活動導師會引導同學「自省」，這樣教懂學生思考自己和他人的情況，待他們日後進入社會，學有所用。我認為「吾讀中學」、「螢火蟲學苑」、「森林教室」等這些學習活動，對孩子的全人發展有正面、深遠的影響，就像將種籽埋下，終會發芽、開花和結果。

生活與學習合一

洋：銀河讀自校後，家庭有沒有相關的轉變？

然：我們在家會回收、分類物品，也會選購成分比較健康的食
　　物，最明顯的轉變是會重新思考自己的消費習慣，減少了
　　不必要的消費，節約使用物品。我認為只有家庭轉變，孩
　　子才會轉變。

洋：記得你在自校時，有另一個稱呼：「家長班長」，這個身分
　　有甚麼職責？

然：當時我留在自校時間比較長，家長廚師茶花籽預備午膳，
　　家長義工還有白雲、蓮花和樹熊，兩粒星、白海豚、蒲公
　　英偶爾也會留校幫忙，還有其他家長在不同時間留校。當
　　我觀察到同學在校的特別情況，會告訴家長，因此成為了
　　家長之間的聯繫角色。

洋：自校和家長有個活動「茶聊」是由誰人發起的？

然：當時是一葉（校長）提出，「茶聊」的目的是讓校方代表和
　　家長聚在自校一起傾談校內事情。我們負責通知家長時
　　間，但沒有特定話題。當時還有「家長讀書會」，我們家長
　　共讀關於自主學習的書籍及分享親子教養心得，印象深刻
　　的書是《乖孩子的傷最痛》。我們身為家長，本來是不會懂
　　得如何做，加上社會環境常變，我們更要學習如何做好家
　　長這個角色。

流水

受　　訪：流水（下稱：**流**）

　　　　　・校友的父親

　　　　　・校友大獵豹 2010 年入讀一年級至 2016 年六年級
　　　　　　畢業（第七屆）

　　　　　・流水和微風（校友的母親）均是自然協會（自校創
　　　　　　校團體）「大地行者」(第八屆)

　　　　　・自然協會主席（2019-2022）

採　　訪：草原（下稱：**草**）

　　　　　海洋

訪問日期：2022 年 7 月 23 日

情意自然教育

草：自校成立前的自然協會活動，你記得有甚麼吸引的嗎？

流：玩水吧！去溪澗、沙灘玩水，總之有得玩水就很「過癮」!
　　　我們現代人的生活是很少這樣去玩水的。

草：他們的活動和我們自己去玩的有甚麼不同？

流：平時城市人就會在游泳池，是一個很安全的環境，他們就
　　會帶我們去行山，行到溪澗或湖邊，便下去玩水。

草：如果是不安全，你也會帶小朋友去玩嗎？

流：玩樂在其中後，就忘記了那種不安全的感覺。

草：除了這些玩水活動，還有沒有吸引你的活動？

流：生火、露營，其實就是星星、月亮、太陽，大自然裏最吸
　　引的就是這三樣東西，我們有一個想法，就是這個世界一
　　路下去，甚麼都會變，但是星星、月亮、太陽就不會變，
　　當兒子長大後，如果當他望見這三樣東西，可能可以讓他
　　聯想到從前一些人、事、物。

人本教育

草：當年自校有甚麼吸引你？

流：我們是食素家庭，覺得小朋友需要在一個配合的環境下才
　　能夠做到食素，不可以讓小朋友身處在一個有矛盾的情形
　　裏，因此我們在網絡上尋找提倡食素的學校，當時情形真
　　是印象難忘！因為看到只有兩間學校符合，其中一間就是
　　自然學校，覺得這兩間學校，一間是需要學生緊跟隨，比
　　較嚴肅的，另一間比較輕鬆，最後選擇「跟人走」。

草：「跟人走」的意思是甚麼？

流：參加那簡介會是很深刻的，感覺到在會中這幾位老師的志
　　向很強，他們是想用心去教導學生，那幾位老師是一葉、
　　海星、白鷺、小雨，他們當時就在香港城市大學的課室裏
　　介紹，當時我和太太認為孩子是用模擬他人的方法去學習
　　的，因此看到他們四位老師有教好孩子的志向，加上我們

想有食素的環境，便選擇這個創校團隊。選定他們後，在 2007 年的端午節第一次參加他們活動，記得當時還有海鳥（大地行者導師）呢！

草：兒子在自校六年，你覺得最吸引他的是甚麼？

流：在我個人看來，應該是「一家人」這種感覺，就是自校的同學、老師和家長，在這個氛圍環境下，就像一家人，他返學就像是回去另一個家。

草：是不是有別於一般學校那種嚴肅氣氛？

流：是的！兒子那班也有特別之處，他們的班導師（班主任）是由他們小一到六年級一直帶着他們。

草：請問是哪一位老師？

流：河流老師。因為她從孩子一年級跟到六年級，所以熟悉他們成長情況，而且她是非常用心去教導孩子們。

草：你認為河流老師還有甚麼特別之處？

流：她抱有教育理念，也是以「人性」出發的。

草：有沒有具體的事例？

流：記得他們六年級畢業時，她要給同學們派成績表，她跟我們一家人說，她希望我的兒子將來回來探望自校時，不是因為自己考到第一名，這並不是她的期望。

草：那麼，她是期望甚麼呢？

流：那我就要回家找當時錄影短片看看才清楚她的期望，但我是深刻記得她有說過這些話，河流一直都是抱持這些想法方向去教導同學，引導他們去尋找自己想要的，尋找自己內在的動力。

草：這想法就像是：「人之所以為人」。

草：兒子在讀自校時，有沒有跟你們提及學校的事情？

流：有的，可能是因為在自校可以讓家長參與的事情比較多，如果我們家長臨時想入去學校，是不會有職員阻擋你，之後他返中學，就少向我們提及中學的事。

草：所以你比較了解兒子在小學的事情。

草：大獵豹在自校有沒有喜歡的同學？

流：喜歡和幾個男同學玩，他們是螳螂、閃電和眼鏡猴，現在他們長大了，仍然保持聯絡。

草：看來大獵豹這段小學經歷是很難忘的！

流：是的，其實自校是很特別的，在外面學校是不會有這些生活，也不會遇到這些特別的事情。同學們是一路長大，但自校經歷會埋藏了一些種子在他們內心；自校最初收生很少，但陸續看見畢業生，給家長對自校有更多信心。

草：是的！現在看來，自校也承受着各種不同的壓力，但在教學方面還是比較自由。

自主學習

草：兒子六年級時，他的畢業專題是做甚麼題目？

流：記得他當時選擇畫畫，他向天翔（駐校藝術家）學習，這是我們意料之外，自校很多同學覺得他喜歡運動，所以大家估計他選擇畢業專題會是行山，或是步行麥理浩徑之類的題目，但他卻選擇這個藝術性的題目。

草：在你看來，他在做這個功課時有沒有得到甚麼收穫？

流：我覺得他透過做這個畢業專題功課，可以尋找屬於自己的

東西，他內心想要的事情，也是他想花時間做的事情，其實畢業專題是可以有很多選擇，他這個選擇是我們大家都意料之外，可以讓我們看到他自己將來想要的東西是甚麼。

草：兒子升中一初期是否適應？

流：在我看來，覺得他是適應的。

草：可以配合得這樣好，是學校還是兒子的因素？

流：在我看來，自校學生其實適應中學是有優勢，個人覺得所有小學生也是要適應升中，一般學生可能更像是已經行了一半山路，開始喘氣，而自校生的適應優勢就是他們「副偈未壞」！他們「副偈」像是未開動，他們已擁有好多快樂回憶，這些能量是支持他們繼續在中學前行！

草：兒子在中學及現在預備去大學的學習情況，你覺得和他曾經讀自校有沒有甚麼關連？

流：我覺得有很大關連。我個人認為其實自校和大學是掛鈎的，而中學就是中間出現的「怪胎」，我理解在大學學習裏可以有很多機會自由地去想，可以有不同的思考，他在自校裏是可以學到這些的，然後中間出現的中學「求學、求分數」只是一個階段，完成後就要放下它，然後就要重回到自校時的狀態去讀大學。

草：可否再解說一下為甚麼你會有這個結論？

流：在大學明顯地可以不為 syllabus（這裏指考試大綱）和 model anwser（標準答案）而讀書，這是沒有意思的，中學階段為應付公開試才有這樣情況，個人認為在大學學習

的情況是大多數沒有標準答案的學習，像是文科、社會科學等，除非你讀的科目可能是工程、要計數，或是一些應用科學科目；所以兒子讀自校，也是在預備一些開放性的學習模式，可以是讀大學，或是他自己去學習感興趣的學問。

百合

受　　訪：百合（下稱：**百**）
　　　　　・校友的母親
　　　　　・校友游隼於 2010 年入讀自校四年級至 2011 年轉校
　　　　　・校友小蜆於 2010 年入讀自校一年級至 2011 年轉校
採　　訪：草原（下稱：**草**）
　　　　　天鳥（下稱：**鳥**）
訪談日期：2022 年 10 月 19 日

情意自然教育

草：兒子們讀自校那年，你有沒有印象深刻的事情？

百：游隼當時入讀四年級，原本他就喜歡大自然，加上自校校舍的自然環境和老師介紹很多和大自然有關的事情，所以他很容易便融入自校的生活！至於小蜆入讀一年級，雖然當時他年紀太小，也是第一次入讀這種學校環境，但看他的情況，還是適應的。

草：他們沒有參加自校露營嗎？

百：沒有。

鳥：但可能參加過戶外學習日。

百：是的，像是行山。

人本教育

草：相信你們往返自校的路途是遙遠的，為甚麼會安排兒子
　　　入讀？

百：大兒子原先在一間本地學校上學，後來校長退休，覺得學
　　　校有些轉變。

　　　我們重視品德，相信教育不宜太偏重學術，假日應該讓孩
　　　子休息，也認為家庭生活是重要的，要有親子時間。當時
　　　我們為孩子應否轉校掙扎了一段時間，後來有朋友問我們
　　　要不要嘗試讓孩子轉讀自然學校，我們便去查詢，由此認
　　　識了知秋（天鳥）。我們和他傾談自校情況，他提及自校着
　　　重每個孩子的獨特性（uniqueness），我們也認為不可能只
　　　用一個方法就能夠教導全部孩子，有時需要為孩子度身訂
　　　造，我們很認同自校這個理念。

草：兒子們放學回家，會否跟你提及自然學校的事？

百：當時我投入自校生活，自校老師也歡迎。每日我接送他們
　　　上學、放學，就可以知道他們在學校的情況。我們沒有再
　　　特別討論，但看到他們的表情是開心的，功課壓力也不大。

自主學習

草：自校課程比較吸引我的是六年級同學有一個「畢業專題」
　　　功課。

百：那時候，兒子就讀那一年還未有這功課，「畢業專題」是個怎樣的功課？

鳥：這個功課設計是配合自主學習精神，同學在六年級上學期，需要自訂一個專題，並邀請校內一位老師做指導老師。到上學期接近完結時，我們會辦一個「畢業專題報告」活動，讓全校各年級同學、老師及家長參加，同學要當眾報告自己的專題研習內容。

百：同學們可以有甚麼主題？

草：任何主題研習都可以。

鳥：是的。曾經有同學嘗試：「零花費在香港遊歷四天」，他們在導師陪同下，徒步遊歷、找免費試食等等度過那時光，也有同學以「步行麥理浩徑一百公里」作為專題研習，他邀請海星（校長）陪伴，期間露營過夜，也不安排補給物資，最終那同學用了四日時間完成行程，認為能夠完成這個行程值得讚賞！

百：是啊！

草：知道也有位同學試過去台灣研究螞蟻的生活。

鳥：也有同學製作一張凳、一間模型屋，或以巴士、火車作為專題研習。

草：還有位首屆畢業生和同學合作一起以組裝電腦為專題。

百：感到這個課程設計充滿創意啊！

鳥：自校的五個辦學理念的源流是這樣的：我們特別重視人與自然的關係，所以首先是：（1）情意自然教育，它重視學生的獨特性，以人為本；由此衍生出：（2）人本教育，它重視學生的自學能力，繼而帶出：（3）自主學習；另外，

開校幾年後，我們開始減少向外界提及的理念是：（4）整全人格的陶養 及（5）生活與學習合一，例如：要求同學懂得做家務。這兩點理念已融入自校的課程教學中，我們一直在實踐。

百：我認為學生有自學能力是重要的，我覺得這方面連我們在自校也有得着，相信游隼也受到正面的影響。他在自校時，有很多機會自己動手去做事情，例如：老師會給同學們一些木塊、繩等材料，讓他們去做一些手作品，如：模型、小屋。去年我問他怎樣處理那些手作品才好，他表示仍要保留呢！看來他珍惜在自校的經歷，而我個人也認同自學精神，相信他也喜歡 DIY（自己動手去完成），這是他在自校的得着。

鳥：記得當年游隼和小蜆一起參加由我帶的一個選修課：製作玩具。

百：是的！

鳥：當時我有一本遊戲圖鑑，用簡單材料便可以自製玩具！

生活與學習合一

鳥：剛才提到自校理念（5）「生活與學習合一」，其中包括自校的「生活會議」、「生活法庭」及「全校勞動課」。「全校勞動課」是指教職員和同學每星期有一小時一起清潔全校。

草：這個安排是重要的，由學生造成課室裏的雜亂情況，也讓他們自己有機會去收拾整理。

百：是的！這樣可以讓學生學懂保持環境整潔。

草：記得從前我在澳門的學校讀書，學生需要輪流當值清潔課

室，這是個很好的安排！

百：重要的是需要家長接受和明白這個道理。

鳥：後來我們發覺一星期做一小時勞動課是不足夠去完成清潔
工作，於是安排每日第一節和最後一節班導師（班主任）課
內，增加環境整理時段。

我們教職員曾用一段頗長時間去思考、研討「生活與學習
合一」這個辦學理念。

一般學校是以「生活」來服務「學習」，即是認為「生活」是
為了「學習」，但我們自校認為一般人其實無需要時常「學
習」（這裏指進修知識、技能），反而是一定要面對生活，
於是我們認為「生活」與「學習」是同樣重要，兩者應合而
為一。

龍吐珠

受　　訪：龍吐珠（下稱：**珠**）

　　　　・校友的母親

　　　　・校友鎚頭鯊於 2016 年入讀一年級至 2022 年六年
　　　　　級畢業（第十三屆）

採　　訪：海洋（下稱：**洋**）

訪問日期：2022 年 5 月 30 日

情意自然教育

洋：對於鎚頭鯊在自校經歷六年的學習，請分享你的感受。

珠：我認為兒子日後多數會在城市生活，他在自校學習經歷
　　中，可以野外生火煮食，感受簡樸生活、大自然，覺得已
　　給他留下難得的回憶！

　　兒子在自校上學後，喜歡和我分享在校與昆蟲和植物共處
　　的事，感到他投入大自然經歷中，慶幸兒子有機會享受
　　「學習」、投入「學習」，兒子關心自然生命的事情，認為這
　　些對我們都特別有意思！

人本教育

洋：鎚頭鯊在自校上學時，你對自校學習生活氣氛有甚麼看
　　法？

珠：兒子在自校有充裕的小息時間及自由時間，我認為他在開
　　放的氛圍下，可以尋找適合自己的學習方式，我覺得自校
　　是提供較多留白時間給學生的。

整全人格的陶養

洋：關於鎚頭鯊在自校的校園生活，你有沒有深刻的事情？

珠：有次兒子把球拍放在課室內，被前座同學碰撞過，後來兒
　　子發現球拍損壞了，當時前座同學表示可以賠錢，事隔半
　　年，那前座同學未有處理，於是兒子找老師調停，那同學
　　才表示自己是無辜的，他感到委屈，老師引導他倆溝通，
　　表達自己的想法和感受，老師也提議兒子買新球拍前，願
　　意協助兒子先嘗試修理球拍。

　　我認為這次處理，令我感到安心、公平，大家都可以和氣
　　地解決問題。

葡提子　白蘭花

受　　訪：葡提子 (下稱：**葡**)

　　　　　・校友的父親

　　　　　白蘭花 (下稱：**蘭**)

　　　　　・校友的母親

　　　　　小雛菊 (下稱：**菊**)

　　　　　・校友小雛菊於 2016 年入讀自校一年級至 2022 年
　　　　　　六年級畢業 (第十三屆)

採　　訪：草原 (下稱：**草**)

　　　　　海洋 (下稱：**洋**)

訪問日期：2022 年 7 月 27 日

情意自然教育

草：小雛菊，你記得 2019 年在街上看到貼着寫上願望的便條
　　嗎？

蘭：(小雛菊在想) 那時她念三年級，我們行經天橋時看到的，
　　之後她表示想寫，我便買紙給她寫下自己對香港的想法。

小雛菊，你記得嗎？（小雛菊搖頭）

草：白蘭花，那些字句是小雛菊的意思嗎？

蘭：是的！

草：我看過那些字句，感受到她的想法。

蘭：小雛菊當時寫着：「香港是我們的世界，我們的母親，我們要保護她。」自校教育同學認知自然大地是人類的母親，可能小雛菊記得這些觀念，所以便寫這些字眼。

草：我看過小雛菊的中文功課，看到老師的課堂設計是帶同學到大自然中學習，你有甚麼看法？

蘭：中文老師帶同學在自然環境中作詩，這些作品出自小學生，覺得有意思！

草：像是「文學散步」課堂，看來這樣可以給同學創作動力！

草：小雛菊，我看過你媽媽之前的分享文章，她認為你有勇於嘗試的精神。你可否告知我們關於這方面的事情？

菊：行山吧！

草：你是否本來不喜歡？

菊：是！

草：為甚麼不喜歡？

菊：因為覺得行山很辛苦。

草：為甚麼後來又願意嘗試行山？

菊：因為後來和同學一起行山時，感覺很有趣！

草：你可否分享和同學行山的經歷？

菊：有次和同學一起行山，天氣很炎熱，我們走到溪澗去玩水，感覺很舒爽！

人本教育

草：小雛菊，你有沒有最喜歡的老師？

菊：鳶尾。

蘭：鳶尾是小雛菊的一至三年級班導師（班主任），後來她請假分娩，最近移民了，她離港前，在小雛菊六年級畢業露營最後一晚，帶着一歲多女兒探望同學呢！

洋：鳶尾也預錄一段祝賀同學畢業的短片，自校安排在畢業禮上播放給畢業同學看。

蘭：是的！鳶尾和同學們相處了三年，對同學個性有很深的了解，和我們家長也越變熟絡，彼此能夠深入地溝通，鳶尾有山藝牌照，小雛菊在一年級開始喜歡行山，可能是受她良好的影響。她算是年輕的老師，能夠和同學溝通，一齊聊天、遊玩，所以小雛菊在自校參加行山就像是很開心地跟着大姐姐一齊去玩，這樣很好！

草．海龜（老師）有沒有教小雛菊？

蘭：她沒有教小雛菊的學科，但在選修課及活動中他們有接觸、互動，海龜是其中一位熱情及能夠和同學溝通的老師。近年校內女同學們喜歡學蛇板，同學們開辦了蛇板學會，海龜就是蛇板選修課導師，她會帶她們去屯門專門踩蛇板的場地。

菊：她還請我們飲珍珠奶茶呢！

草：我看過一篇海龜訪問的文章，提及她曾有特別的經歷，這樣的老師特別有意思！

蘭：是的，她有和我們分享她的經歷，感到她是位用心的老師。

葡：這幾年上課因疫情而斷斷續續，如果沒有疫情的話，相信情況會更理想，自校不會勉強同學上網課。

草：因為自校的教學是着重同學的親身經歷。

葡：是的！

蘭：因疫情而停課，到六年級下學期最後幾個月，自校決定安排老師和同學專心完成畢業專題功課和畢業露營。

自主學習

葡：自校「學生評估表」內設有「同學自評」項目，認為小雛菊能夠客觀地去評論自己，這是我欣賞的！

草：我認為自校這個「同學自評」的教學設計很有意思！

蘭：同意！這樣可以讓同學有機會去反思自己。

草：小雛菊，可否告知我們你的「畢業專題報告」是甚麼？

菊：動畫；用黏土製造角色，並用卡紙製造場景。

草：那動畫主題是甚麼？

菊：「不要放棄夢想」。鴨是這故事的主角，她從小喜歡跳舞和唱歌。有天在廁所跳舞不小心跌進浴缸，受了重傷入醫院，從此便不再跳舞。她長大後某天，看到跳舞比賽的海報，令她回想兒時夢想，於是決定參加比賽，最後贏了！

草：這個故事是不是由你自己完成？

菊：是和一位同學合作的。

草：由何時開始有這個構思？

菊：好像是六年級。

蘭：應該是五年級便開始。

菊：好像是的！

蘭：小雛菊，記不記得大約在三、四年級時，本來想做甚麼畢業專題？

菊：露營。因為當時疫情不方便去露營，便改做動畫。

草：你由一年級開始，每年看到六年級同學的「畢業專題報告」，記得有喜歡的專題嗎？

菊：露宿；就是同學用幾日時間離家在外度過，期間支出的金額是有設限的。

蘭：那幾天同學有老師陪伴的。記得同學說曾在球場過夜，也吃過餐廳客人剩餘的食物，還到商場找試食充飢呢！此外，上一屆畢業同學有一個有趣的專題：他們想去測試香港人，同學們在商場故意丟下一百元紙幣在地上，從遠處錄影途人的行為、反應。

草：小雛菊，你有沒有做過法官？ 記不記得審理的案件？

葡：她試過在「特別生活法庭」審案。

菊：有位低年級男同學拿起一支樹枝「篤」另一位同學的背脊，樹枝頭當時仍冒煙，火應該未完全熄滅，燒穿了同學的衣服，令衣服上有個小洞。

草：你們審判這事的結果怎樣？記得嗎？（小雛菊回想着）

蘭：小雛菊曾告訴我，判那同學去做學校服務，而且還要小雛菊用小息的時間去帶他呢！

菊：是的，他要做勞動，大約用了我們幾天的小息。

草：你喜歡做法官嗎？

菊：還可以。

草：你們有「生活會議」，大家可以討論學校的規則。你喜不喜歡參與這個會議？

菊：喜歡。因為可以提出一些議題，跟學校討論。

草：可以讓同學和學校討論同學間或是師生間的事情，這些經驗很難得，在我讀書時也沒有經歷過。自校這樣設計就是由自己學校的「立法會」去立法，也由自己的「生活法庭」去審判校內事情。

整全人格的陶養

草：你媽媽認為你有堅毅精神，你明白「堅毅」是怎樣的？（小雛菊思考着）

草：就是做事時發覺不夠完善或者遇到失敗，想去克服其中困難，想辦法去解決，是堅持、有毅力的意思。你認為自己有沒有這種特質？

菊：有次我們去西貢露營。在露營前整個星期都下雨，當我們到達營地，執拾地上木柴，預備生火煮食、取暖，但發現木柴全濕，用了幾小時才能生火成功，光烘乾木柴就需用很多時間。

草：小時候我住澳門，那時在家煮食也是用木柴生火的。

草：記不記得三年級有次同學貪玩，你受人慫恿下拿走了一位同學被脫下的一隻鞋？

菊：（她思考一會，然後問母親）是在哪裏？

蘭：在音樂室門外。你曾告訴我有個同學常被其他同學戲弄，有次同學把她的一隻鞋脫下，還叫你把那隻鞋放到遠處，使那同學找不到，你記得嗎？

菊：不記得。

蘭：那麼你有沒有印象曾寫一張卡給她？

菊：記得。

草：知道事後小雛菊能夠承認自己做得不好，我覺得她很勇敢！

蘭：是的，其實那時候她回家告訴我，我在想：雖然她做了這事，但是她已向我承認內心不安、不舒服，我覺得這已經足夠，我不需要再去質疑、指責她，因為她已思考過，知道自己的問題。我告訴她如果感到不安，可以想想會否向這同學道歉，或是若看到他再被人欺負時，可以想想怎樣幫助他。我認為類似這些事，實在是讀自校的同學才有機會經歷這種有空間去思考及反思的完整學習過程，如果就讀外面學校就未必有這種機會，因為老師、家長很快便介入處理事情。

洋：請小雛菊分享一件對同學印象深刻的事。

菊：記得五年級「金秋露營」，有天我們行山路，其中有段路很斜，我們覺得如果在那裏失足，就會滾落山坡。當時有個同學走了一半，便哭起來，相信他是感到害怕，但他還是走完了。當我們到達高處看着風景，記得他說：我的夢想實現了！

蘭：這同學是五年級來自校插班的，相信對他來說，突然間要走這些山路是十分困難的。

小雛菊告訴我，當時海星校長表示可以幫助那同學，但是那同學拒絕了，最後他靠自己完成。我很佩服他終於完成了夢想，這樣令我感動！

大地

受　　訪：大地（下稱：**地**）

　　　　・校友的母親

　　　　・校友空氣於 2017 年入讀一年級至 2022 年六年級
　　　　　畢業（第十四屆）

　　　　・小兒子海洋於 2021 年入讀一年級至 2022 年二年級

採　　訪：海洋（下稱：**洋**）（本書編者）

訪問日期：2022 年 6 月 1 日

情意自然教育

洋：自校生可以在自然中學習，你看到空氣的情況是怎樣的？

地：兒子有機會連結大自然，這樣讓他保有純真，也享受在大
　　自然中玩樂，看到他感到輕鬆、愉快！他喜歡的自然活
　　動，例如：玩水。

人本教育

洋：空氣在自校的校園生活裏，你有沒有深刻體會的事情？

地：看到老師能夠關心不同同學的不同需要，兒子在校時，曾
　　經因一些事情而感到不滿，有點憤怒，老師容許他在不影
　　響他人的情況下，釋放這些情緒，讓他表達自己的看法、
　　感受，這樣可以讓他有機會去探索自己的內心需要，自校
　　都會這樣引導、協助同學的心靈成長。

自主學習

洋：關於空氣在自校的學習方面，你有沒有想分享的看法？

地：試過有少數學生共同想學習一些項目，他們去邀請老師教
　　導，自校讓師生自組相關項目的學社，當時也回應了空氣
　　的學習動機，學社例如：足球會。我認為兒子在自校，同
　　學之間有更多自由相處的時間，大家可以在互動中比較順
　　其自然地學習到人際社交的方法，因此，也認為自校的氛
　　圍是比較社會化。記得他在高年級時，老師請他們寫一封
　　信〈給長大後的自己〉，我認為這些活動式教學，能夠讓兒
　　子更喜歡和投入學習！

泥土

受　　訪：泥土（下稱：**泥**）
　　　　　．自校生的父親
　　　　　苗苗（下稱：**苗**）
　　　　　．自校生苗苗於 2017 年入讀自校一年級至２０２２
　　　　　年就讀五年級
採　　訪：草原（下稱：**草**）
　　　　　海洋
訪問日期：2022 年 7 月 23 日

情意自然教育

草：你覺得女兒經過八年自校學習生活（包括「童趣園」遊戲小組），她和大自然的關係是怎樣的？

泥：我覺得苗苗對自然多了一份關心。她在自校曾被蜜蜂針刺，原因是她看到一隻蜜蜂躺在操場上，想把牠放回草叢裏，便用手拾起牠，於是被刺到，當時她感到手指頭腫痛，但她卻接受，因為她知道自己是去幫那蜜蜂。雖然她

有這些痛的經驗，但對大自然界仍然有愛心，也認為人類也要尊重大自然。

草：自校幾個辦學宗旨理念中，你最欣賞哪個？你認為自校最能實踐到哪個？

泥：「自然」這個理念吧！我是讀室內設計，學習中西方建築史，我特別喜歡中國建築觀念中強調人和自然的密切關係，所謂：天人合一。中國由農業社會開始，人和大自然便關係密切，耕種需要「看天做人」，但現在人們為了生活，不斷過度發掘大自然資源，甚至剝削、控制大自然，令它受到很大傷害。這對我們現在未必有太大影響，但擔憂對苗苗這一代及後來的孩子帶來惡果，所以我們現在就要保護環境，而這正是自校辦學所強調的。

人本教育

泥：現在我做了八年的自校家長，初步理解自校是一個給孩子找到自己、理解自己、知道自己所需的地方，老師常常幫助孩子認識自我及成長，而老師的保護方法並不是「攬實」孩子不放，而是先讓孩子去嘗試，再從旁協助，老師是相信孩子；我們身為家長隨着時間也感到在自校學習到很多。

泥：我認為海星是個非常有耐性、冷靜及中立地和同學分析、傾談事情的人，因此學生也會跟他談心事。

草：苗苗，你有沒有跟海星傾偈？

苗：沒有……都試過和他傾談「食早餐」。

泥：海星會和同學傾談任何話題的。苗苗一年級時，自校舉行社際比賽，海星鼓勵同學參加，但苗苗不想參加，因為她不喜歡在很多人面前表現自己，海星用了半小時和她傾談，她問海星為甚麼比賽一定要分輸贏，她不想這樣，海星向她解釋：「每個人對輸贏的看法都有些不同，有些人喜歡用贏來推動自己，有些人想在比賽中知道自己的能力，有些人不介意贏輸，志在參與。」我相信只有自校老師，如：海星校長，會對一年級學生這樣細心解釋呢！

泥：自校像是大家庭，學校會讓家長參與一些校內事情，我們家長（包括插班生家長）也會參與；我們是小校，教職員、家長及學生人數少，所以我們關係密切。

草：這是難得的關係！

泥：是的。自校家長互相稱呼自然名稱，大家感覺關係平等！

草：你對女兒的將來有沒有甚麼寄望？

泥：我希望她能夠開開心心，可以自己選擇去做自己喜歡的事情，重要的是不要做傷害自己及他人的事，我們便會很開心！

草：看來你們給女兒的空間很大！

自主學習

草：其實父母是孩子第一個老師，而且是最重要的老師。

泥：是的，我和太太會反思自己的言行對女兒的影響。當我指

責女兒有不當行為，其實可能是女兒模仿我們，但我們不自覺，卻去指責她！在家長工作坊，河流老師曾詳細解說關於家長影響子女的概念，引導我們認真去反思自己，因此我們應該先去完善自己，而不是光要求子女；「非暴力溝通」註冊導師阿池也有來校解說溝通的概念和方法，我們有時會不自覺說一些傷害了別人的話，有時還會鬧情緒及說晦氣話，要改正過來是有難度的！

泥：苗苗喜歡音樂和視藝，她在五歲時自己提出想學彈鋼琴。

苗：但鋼琴老師說我的手指未夠力。

泥：當時校外鋼琴老師認為她年紀太小，手指仍在發育，擔心學琴對她有不良影響，請她長大一點再學。到苗苗二年級時，她就主動問我：現在手指夠長、夠力了，是時候學鋼琴吧！至今苗苗已五年級，也學了幾年鋼琴，老師和她商量如果繼續學鋼琴，可以參加考試，讓自己知道彈琴的能力和程度，作為學習進程的參考。我們重視苗苗自己的意願，最近在她自訂下完成了一次鋼琴考試。

草：鋼琴考試有一個好處，它可以是一個和自己比較的考試模式。

泥：自校家長都讓子女自己選擇想做的事。

草：可否了解你觀察到苗苗的好奇心是怎樣的？

泥：我覺得她對於自己喜歡的事物是很好奇、好發問，還會問相關的事情。另外，她喜歡視藝和音樂，她會主動去找冬天老師或（校外）鋼琴老師問相關的事情。

整全人格的陶養

草：你覺得自校有「生活法庭」好不好？

苗：還好，可以幫助同學解決事情，如：同學打架、用樹枝打人，也可以有機會互相了解對方感受！

草：那麼法官會怎樣做？

苗：會請同學不要再這樣做，並請同學和解；如果同學不願意，便要再開「特別生活法庭」處理。

草：苗苗參加學校過夜活動時要離開父母，情形是怎樣的？

泥：第一次是她在一年級時去教育營宿營。有同學夜晚哭得厲害，家長忍不住便接子女回家；苗苗也有哭，但她和同學互相陪伴下，還是捱過了，到了三、四年級就在學校紮營過夜，五年級她便和老師、同學在野外露營。

草：泥土，你認為自校是否容易培養願意回來當老師的學生？

泥：苗苗曾跟我提過她有這個想法，我告訴她就要向這目標前行；我跟海星也提過現在有些自校校友在讀大學，如果其中有人返回自校做老師，這是一件好事，薪火相傳啊！

苗：如果做不到視藝老師，就做童趣園（遊戲小組）導師。

生活與學習合一

泥：自校午膳時會教導學生珍惜食物，不可浪費，讓學生懂得只取適量的食物，苗苗也習慣吃光自己碗裏的食物。

草：泥土，你曾表示不要受到物質的誘惑，要多給自己一些生活的空間，可否讓我了解更多你在這方面的看法？

泥：從前我們會選擇裝修精美的食店及價錢比較昂貴的食物，後來發覺便宜、簡單的飲食也能飽肚，這些生活上的改變皆因自校的啟發，讓我自覺地減少賺錢時間，增加了陪伴家人的時間，從而減輕了工作壓力。海星校長的生活很隨意、簡單，有時看見他的午飯只用泡菜配麵包填飽肚子。

草：看來這樣食也很健康！

泥：到明年女兒六年級畢業禮，我要感謝的人可能第一個就是海星。看見他的行事，和我身邊一些人完全不同，他就是簡樸生活的榜樣，在做自己相信的事。在自校感到校方、家長和學生子女一起同行、成長。

自校掛着區大哥（區紀復）的字畫，如：「越少越自由」、「擁有的越多，得到的越少」。我們要清楚甚麼是「想要」，甚麼是「需要」，不要跌進物質的誘惑，我看到這些字畫可以提醒自己，但要做到真的不容易！我認為在自校便會讓家長在生活價值方面有另一個角度的學習。

校友的中學老師訪談

加拿大神召會嘉智中學

黃金鳳老師

受　　訪：黃金鳳老師（下稱：**黃**）
　　　　　・2012 年開始，部分自校生畢業後升讀加拿大神召
　　　　　　會嘉智中學
採　　訪：自校教職員
訪問日期：2019 年

人本教育

黃：相信自校的教學模式是偏向體驗多一點。從小在學校的經
歷告訴自校學生，身邊的人和事不會傷害他，我認為最重
要的是這一點。他們為甚麼會聽話？
因為他們覺得老師不會害他們，他們信任學校、信任老
師。……師生之間就像家人，這個關係讓他們感到安全。
自校學生與傳統學生最大的分別，我個人認為，傳統學生
在挫敗中成長，自小慣了被老師負面批評，覺得自己不可
愛，就會帶着負面情緒成長。但自校學生的成長很愉快，

師生之間像家人，他們有安全感，這是令他們會聽老師說話的重要因素，希望他們保持這種文化。

自主學習

黃：自校的畢業生有個好處，就是只要給他們空間，他們自己就會慢慢想辦法，想到自己該如何選擇，該如何成長。

整全人格的陶養

黃：他們真的很好，願意去嘗試，我被他們感動了！現在已很少這樣純品的學生，他們很願意受教，只要給予空間和時間，淺白一點跟他們解釋，他們就會嘗試改變，即使很不喜歡的事情，他們都會堅持去做，既然有純真，就要有自由才可保持到，但自校應該告訴學生，這個社會有很多規矩，你今天未必接觸到，可是日後接觸到時，要抱着開放的態度去接納，縱使有些事情你未必認同，你也可以先包容一下，看將來有沒有方法去改變。在這方面，我覺得他們需要多點心理準備進入主流學校所面對的挑戰，升讀我校的自校生每次說「不」，之後我就告訴他們，社會不是這樣的，社會是如何運作的，你一定要習慣。

最近我跟他們說得最多的，就是無論喜歡與否，喜歡的事要做，不喜歡的事也要做，從中你一定有束西學到。如果不喜歡的事情你也去做，你會學到更多。

我班自校畢業生都很純真，就算班中的所謂壞孩子，看到他們的行為，都會覺得好笑，其實他們也影響着別人，真是很久沒見過這麼純品、有趣的學生了，好像某同學會捉

着老師，撒嬌要老師留下教他，老師也感覺窩心，每個教過我班的老師都說，很想上你班的課，每次下課，大家都會雀躍地告訴我，今天誰做了些甚麼，就像在荒漠中遇見清泉一樣。我欣賞自校的地方，就是它的學生升中後能保持孩子清澈的心，他們很簡單、很純真、很可愛！

生活與學習合一

黃：到過自校，我看到整個校園的氣氛很樸實，自校生的文化很簡約，學生自備餐具，午膳的食物不花巧，跟我們一般接觸的校園生活不一樣。

我教書多年，看到小朋友都較為城市化，對生活物質有許多要求，但在自校看到的都好簡單，可能同學玩一支竹，已很開心，給我一個很好的感覺！

萬鈞伯裘書院

馮順寧副校長　黃轉鳳老師

受　　訪：馮順寧副校長（下稱：**馮**）

　　　　　黃轉鳳老師（下稱：**黃**）

　　　　　・2017 年開始，部分自校生畢業後升讀萬鈞伯裘
　　　　　書院（下稱「伯裘」）

採　　訪：草原（下稱：**草**）

　　　　　海洋（下稱：**洋**）

訪問日期：2022 年 8 月 4 日

情意自然教育

草：自校每年有露營，讓學生自己生火、煮食，有時露營遇暴
　　風雨，他們都要處理。

　　你們看到自校生和大自然有沒有關係？如有，是怎樣的？

黃：因為疫情，秋季旅行暫停了，我還未和同學去郊外燒烤，
　　可惜未有機會感受那同學在野外烹飪的好處呢！

人本教育

草：兩位老師有沒有想提出一些看法讓我們交流？

黃：我個人是佩服選擇自校的老師、同學和家長。我在自校網
站看過老師的簡介，也看到他們介紹自己喜歡教授的科目
等等，而同學選讀自校確實是和主流教育有非常大的距
離，他們到中學也需要進入以考試為核心的主流教育體
系，會面對很大的困難，那麼，有甚麼誘因或者是契機，
他們仍然作這樣的選擇？

草：請海洋回應一下。

洋：家長們和當年的我，普遍都是希望子女在小學階段可以身
心健康地學習、成長，事實上在香港這是一件不容易得到
的事，我看過有些家長讓子女轉校來插班的原因，例如：
子女在之前的學校開始對「返學」及「學習」有負面反應，
也有家長不能接受子女在外面學校所受的學習壓力，感到
破壞親子關係，也有家長讓子女從一年級就入讀自校，理
由是認同自校的教育理念，認同子女在兒童階段可以這樣
學習和成長。另外，由於自校希望促進家校合作，我個人
意外地有機會義助家長及服務學校，和創校團隊一起推廣
自校教育理念。2022 年是自校開校第 15 年，個人認為以
一間學校來說是年輕的，伯裘書院已是五十多年，自校正
在努力實踐自己的教育理念。

自主學習

草：在中學，你們認為自校畢業生和其他小學畢業生有沒有特
別不同的表現？

馮：我們老師普遍認為自校生的思考比較活一點，也比較喜歡
　　講話及表達自己意見，甚至有古靈精怪的主意。他們和同
　　學相處沒有大問題，算是很快融入中學校園生活。

　　我們伯裘在教育理念和教學上跟自校有相似的地方，我們
　　都不希望同學只顧讀書，只着重追求成績。

　　我認為自校生來到中學是容易適應銜接；我親身的經驗
　　是：在一位自校生參加「升中適應周」活動時，我和他媽媽
　　傾談，彼此有共同想法：認為每位同學確實會有所不同，
　　有自己的才能，我們要設法讓他們有機會發揮出來，或能
　　夠讓他們參與學習喜愛的事物，這樣對同學是一件好事，
　　同學看到自己的能力，做自己喜愛的事情，會感覺良好。

黃：有位自校生在伯裘由中二至今（中五），我是直接教導他
　　的，後來也是他的中五班主任，當我收到今次訪談邀請，
　　才知道他小學時就讀自然學校，我想將他在中二和中五的
　　表現來做比較，並談談自己的感受。在他中二年級時，我
　　教他通識課，當年我教這科，有兩位同學令我印象深刻，
　　他是其中一位，當時我不知道他是自校生，只覺得他的學
　　習表現是屬於正面的活躍，他會主動舉手去回應問題，
　　懂得在堂上聆聽你的講課後，即時舉一反三去表達自己看
　　法，他這個表現是令我驚訝！

　　我們初中通識科是校本課程，內容上的剪裁就像你剛才提
　　及的教學經驗般，也有給同學看報章及討論，如果同學是
　　「死讀書」的話，便不能整理出討論的內容，而那位同學的
　　答案就能做到，至今他仍能保持一種能力：就是只要他做
　　感興趣的事，便可以發揮得很好呢！由高中開始，我們要

求學生除了要讀書，還要靈活地學習，但他們也需要開始面對 DSE 考試的壓力。從前我不知道那同學的小學背景，曾經為他不像初中時積極學習而感到疑惑，現在知道了，再回想和他媽媽在家長會傾談的內容，便了解他多一點，發現原來他有自己的想法，有自己想做的事情，而我可能是忽略了這點，因為我只用自己的一套：只知跟同學一起面對 DSE，便告訴他一些升學資訊，但在他的思想世界裏，原來不一定只有這些，還有其他是我不知道的，這也是我自己反思的結果。

另外，我認同馮老師提到自校的教育理念和我們伯裘的「活的教育」有相似的地方，覺得自校生明顯有自己個人獨立的想法，而這些想法都是思考過才表達的，有時還富批判性；我欣賞那同學有個人獨立的想法，同時不會盲目地要你聽從他的想法，和他傾談討論時，他能夠讓彼此有說話交流的空間。

馮：我跟幾位班主任談論自校生時，他們不約而同表示自校生有舉一反三的思考能力和良好表達能力，如果我們老師告訴同學一個答案，自校生會去嘗試聯想其他答案的可能性。

草：他們像是有多一點發散性思維？

馮：是的，他們的思維比較開闊。

草：當自校生升到小六時，要做一份畢業專題報告，還要向全校發表，全校同學、老師及家長都可以去看、去聽，他們學生就由一年級開始，便聽六年級同學發表專題報告，其中有些有趣的專題，這可以鍛煉他們獨立完成學習題目，

他們都有這些經驗。我認為這個畢業專題報告的設計很好，因為同學能以自己興趣用自己的方法去研究，最特別是他們要在眾人面前報告，這需要勇氣，很少小學生有這種學習經歷。

整全人格的陶養

馮：自校生明顯與一般小學畢業生不同，可能是他們學習模式與常規有異，他們不會只顧讀書，他們會對老師的教學提出意見，我們有可能以為他們想挑戰老師，其實並非如此，他們只是想成為老師的同行者，這是他們的好處！

黃：那同學給我的感覺真的是比較自由自在，特立獨行，他可以不需要和大班人一齊去做事，如果他喜歡這件事，他可以獨自去做，他參加的學校活動，除了表演打鼓外，還有做司儀，他做學校服務是比較好、比較多，而他在處事方面，真的可以很快地調節、吸收和內化，然後得出自己的想法，不肯定他有這能力的原因，但這是他給我的感覺。

草：多謝你們給自校生這樣正面的看法！除了在學習方面，相信兩位或多或少會看到他們和別人相處的表現，有補充嗎？

黃：那同學的人緣不錯，我印象中現在和他親近的同學，也有中一時結識的同學，在我看來，他們的關係應該很好，他可能是這群同學圈的中心人物之一。

草：黃老師，不確定你在看自校網站時，有沒有看過兩個很特別的項目：「生活會議」和「生活法庭」，你的想法如何？

黃：是有趣的。伯裘曾經在暑假也舉辦校內各級的辯論比賽，也有聯校辦的。你們的「生活法庭」有法官、律師嗎？

草：那「生活法庭」是有老師和學生做法官。我曾訪問自校生，知道有同學先後做過法官和被告。如果同學在學校有不當行為，可以是由那個「生活法庭」去審理，而不是由老師單方面去處理的。處理學生違規不單是老師去責罰，校方讓同學參與「立法」，就是參與「生活會議」，同學有機會去訂立一些「法規」，那個「生活法庭」就像是一個司法機構依「法」審理。請海洋補充一下。

洋：自校師生學習在校園共同遵守的不是「校規」，而是「生活公約」（開校時期由教職員和當時的同學討論及訂立下來，後來同學想更新內容，便可在「生活會議」中提出、討論、投票表決）；而「生活會議」是全校師生一起參與的；日常校園生活中，當同學間或師生間未能因彼此矛盾、衝突私下和解，可以交由「生活法庭」處理，「生活法庭」會讓同學、老師充分表達自己對該事情的想法、感受，並依據「生活公約」、共同利益及教育意義去判斷事理。自校創校團隊最初設立這些制度是參考一些另類學校，如：英國夏山學校、美國瑟谷學校、台灣的森林學校、種籽小學；自校團隊至今仍在實踐、研習這些教育理念。

黃：同學會接受「生活法庭」的判決嗎？

洋：會的，因為老師法官不會急於判決，在審理過程中，重視引導同學認識自己的需要，充分表達自己的想法、感受，並引導同學了解對方的想法、感受，學生法官也可以表達自己的意見，最後由老師法官和學生法官達成共識，作出判決，大家從中學習。自校推行比較開放的教育模式，

其中會讓同學有比較多自由遊玩和休息的時間，大家自然地相處會比較容易有矛盾，「生活法庭」讓同學抒發意見，能夠緩和同學間的衝突。

生活與學習合一

草：兩位對於其他幾位自校生的表現會不會有補充說明？

馮：我覺得可能自校生習慣將學習和生活互相聯繫，所以他們的自理能力不錯，例如：將生活經驗應用在學習方面，或是可以將學習變得生活化，他們學習能力較高，容易聯繫不同事物，因為他們在小學時真的有很多機會去接觸不同事物，由此可見，他們有良好的創意思維和批判性思維。

另外，我們班主任有表示過，另一位自校生的運動表現不錯，體育老師讚賞他手腳協調靈活，相信是因為他以前參加過很多活動，可以跑跑、跳跳，鍛煉身體。

草：自校的小息時間是比較長呢！

辦學理念選文

情意自然教育

反璞歸真　順其自然[1]

古風 (劉永佳)

黑格爾説:「凡是合理的都是存在的,凡是存在的都是合理的。」自校[2]走了十年,邁向第二個十年,誠非偶然。讓我扼要道來十載理念的自然演化。

源於人本　此理不渝

1992 年「綠色小學」[3]的自由主義教育理念 (深信生命影響生命、平衡知情靈的教育、照顧孩子的差異、體現尊重與溝通

1　作者古風 (天鳥、知秋、一葉) 於 2004 年首次在《自然學校十年生活札記》(自然協會出版) 發表此文,那書是早年籌備實體自然學校的經驗整理文集,已絕版多年。

2　自然協會早期向外界自稱「自然學校」(未有校舍),簡稱「自校」。1993 年由八位年輕教育工作者組成,1997 年註冊成為慈善機構,推動情意自然體驗式教育,2007 年創辦實體全日制小學。

3　香港綠色力量,1992 年暑假班第二屆綠色小學,為期 15 天,實驗綠色、自由教育思想,參與的大朋友二十多人,後來過半數人重組為 1993 年的自然學校。

的人際關係、奉行體驗式的教學等等），確定了自校由始至今、一貫的、以人為本的立場。另一方面，我們在「綠色小學」的經驗中明瞭到，有別於英國的「夏山學校」、台灣的「森林小學」、美國的「瑟谷學校」，香港有其中西文化薈萃的獨特性，不能照搬外地現成的一套。志友要據實、謹慎地考察香港教育現況，大膽假設，不斷實驗，並以全副生命、真性情去幹，才有成事的希望。

這是自校早期歷史一個很基本的意念：以心、以生命實證教育的真相，亦即中國文化主流的唯心實證觀。這個心，不單是心理學講的心思（mind），更包涵道德理性講的良心、良知（conscience）。前者解釋人類行為各種思維結構；後者表現各族群文化價值的選擇，是為教育哲學的追尋。相對於主流教育的制度化（崇尚大規模）、量化（可測可檢）、標準化（跟從指標），概括為科學化的教育觀，自校講的人本主義、唯心實證觀則是人性化（重質輕量，推崇「小就是美」）、質化（人格道德的提升）、個別化（尊重人的差異，確認人的獨特性）。這等教育哲學的差異，在帶領活動時，表現為導師盡力帶動孩子投入，卻又尊重他們不參與時的個體需要，不勉強，順其自然。

千古中外　存乎一心

1996 年，初接觸 Joseph Cornell[4] 的「分享自然」理念（Sharing Nature）及其知覺遊戲，既親切，又鼓舞。親切，

4　Joseph Cornell，美國著名自然教育家，創立「分享自然基金會」（www.sharingnature.com），著作《與孩子分享自然》、《共享自然的喜悅》、《傾聽自然》等，廣受歡迎。他是自校顧問之一。

因理念的底層很東方，跟中國文化的自然觀一致；鼓舞，因 Joseph 融會了古今中外許多具自然精神情趣的代表人物（老子、莊子、聖方濟各、「印第安酋長」、「Rachel Carson」、「John Muir」等）的自然經驗與智慧，創成切實有效的「流水學習法 TM」及發明大量的體驗自然遊戲。他的歸納與創作，戳破世界主流自然科學的迷思，指出現代自然教育、綠色教育、環保教育可走的、應走的方向。

那時起，「情意」成為自校自然教育的主題，竟然令很多習慣以科學角度認識自然的成年人不解，他們問：「『情意』是甚麼？」學者吳森先生說：「西方人對自然物一開始就以 Wonder 為主，再進一步便是『征服自然』。中國人自此即感謝天覆地載之恩，對天地有無限感謝和崇敬之情，是一種道德和宗教的意識⋯⋯十九世紀以前，西方人視自然為一堆死的物體，沒有生命在其中。中國人一向視自然為有生命的機體⋯⋯中國人視自然有生命而對自然有情⋯⋯二十世紀西哲懷海德高呼自然有生命，主張情為宇宙的本體。懷氏精通數理，熟曉西方科學和哲學，竟然有中國式的主張。」（《情與中國文化》）所以，自校三大信念之一指出：大自然是有機的生命體，給人滋養與智慧，是古今兒童與青少年最佳的樂園和教室，既是對傳統感情、「性情教育」的一趟回歸，同時又對應了西方二千年來以自然為破裂外像的批判與反思。於是，近代 James Lovelock 視自然為有機生命體（Gaia Hypothesis），Aldo Leopold 提出土地倫理觀（把土地納入倫理範疇），即應此理展開。情，屬真實存在，是可感可知卻不可檢測的精神、關係，全憑主觀的感通（以感應來通達），注定要以生命投入，實證之、體驗之、感悟之。

至於對「情」的理解，中西有別，唐君毅先生說：「西方哲

學以理性言心者，多絀情感輕經驗。其以意志言心者，則恆不免於尚力，而罕以性情言心者……。西方人言心之反應，多謂其乃所以滿足人心之要求慾望。中國儒家之言感通，則所以顯性情，英文所謂 Emotion 含激動義。Sentiment 則指一情感之鬱積，而亦常含一非理性之義。Feeling 一字，則偏自主觀之所感言……然在中國，則言『理』者，多連性情言，亦恆年經驗言，曰性理，曰情理……而情之一字，則唯當其同於欲或與欲相連時，乃含惡意；如連於性言，則為性之表現，亦即理性之表現，而含善義。」故此，以情為教育主體，可發展人的理性與德性，而不會流於感情用事的反智性。

「情意」的「意」含「意思」與「意志」義。情感的觸發，固能接通無限意思，啟明之智復能堅定「生」的歸向，而意志，面對阻困，不輕言放棄。「自然」給我們的，亦如此。大地之恩，厚載物德，我等感其情，遂有回報分享之志，心甘情願，樂而行之。

「分享自然」（Sharing Nature）有別於自然生命為客觀對象（心物二元論）的認知自然（Knowing Nature），着重人的切身參與，旁觀者之感觸。感觸者，大哲學家熊十力云：「吾人之生也，必有感觸而後可以為人。感觸大者則為大人，感觸小者則為小人，絕無感觸者則一禽獸而已！」感覺與接觸，造就人的偉大性，也使人更具「仁性」。另一方面，「分享自然」這理念又暗示人與人的傳意非靠知識或身份權威，故不是教導自然（teaching nature），而是平等關係般分享，有體驗、有感觸的分享。

故此，自校沒有不善體驗自然的義工，並積極培育對自然有情意、有體驗、有感觸的導師，導師作為影響重大的一員，

師生家長自然遊（2010）

當如陽光之溫暖、淨水之清澈、鮮花之芬芳，讓親近他的人有所感動，美意延展。

若自然的美感經驗只發生在優山美地之中，那是片面的。全面的自然能滲透至生活的每一部分，包括在綠衣匱乏的鬧市中，那才是真正的考驗、深沉的敲問。

反璞歸真　擇善固執

繼「情意教育」與「分享自然」兩大理念的開展落實，2001年起（到「鹽寮淨土」體驗後），自校加入了「簡樸生活的實踐」一環。這是真正把關愛自然的情意與生活結合為一，過整全真誠的生活，而不是帶隊時候一套、回家時又另一套的分裂狀態。簡樸的風尚肇因於「西方工業革命後隨科技的發展及經濟

開發，世界各國為爭奪資源而發動戰爭，戕害不少生靈。加上人類因貪婪、慾望而發展出各種工、農業，傷害了整個自然大地，污染了空氣、水、土地及食物，更損害了人類及萬物生活的健康。直到這世紀末的二、三十年，人類才深刻地感受到環境生態破壞的嚴重性，也警覺到自己生活在危機重重的環境中，因此再也不能無動於衷。」（區紀復《簡樸的海岸》）。簡樸生活態度，區紀復老師說：「是節制、惜福、回歸自然的；不要放縱慾望、貪婪、浪費。寧願自己多一點不方便，少一點享受，物質足夠生活所需就好，太多反而造成浪費與污染。我們不要受消費主義商業廣告的影響，購買使用不受自然環境歡迎的產品，如大量的包裝物、砍伐樹木製造的紙品。多接近山林、郊野、海邊，愛護欣賞花草樹木、蟲魚鳥獸，培養一顆溫柔、慈悲的心……有些可遵循的原則如：多靠雙手、頭腦創意、少靠金錢、科技、慾望；多尋找心靈的充實，少追求物欲的滿足；多想想人類大地，少只顧自私自利；不要因想要而要，卻看需要而要。這一切需要平心靜氣而為，內心的『捨』與『靜』最重要。」

　　認識「鹽寮淨土」的崇高理念，印證「知行合一」之重要，聲稱愛護自然的人，還要猶豫嗎？任何偉大思想的傳承發揚，仰賴一個又一個生命的投向實踐，立於生活，所謂「人能弘道，非道弘人」。故自校導師訓練班命名為「大地行者」，即表明以「踐行」、「修行」、「行動」為要。

繼往開來　萬物為心

　　檢視自校十年來理念的建立與更新，愈見「情意自然教育」

的性質近乎生命教育、心靈教育、美育、宗教教育、倫理教育、生活教育，而有別於建構知識觀念的環保教育。我們以人心為主體「吾心之本體，即是天地萬物之本體」(熊十力語)，感通自然生命，把物我的感觸伸延落實到生活的點滴細節，躬行簡樸，用孔子的話，就是「我欲載之於空言，莫若見之於行事之深切著明」(以身作則，勝過千言萬語)。

願與每位心懷天地的朋友共勉！

大地是最好的教室

清水（劉文清）

童年時候，你有否在心裏問過一些問題，到現在還是印象非常深刻的呢？

除了提問之外，你有給自己答案嗎？我記得，小學時曾經提出過一個問題：為甚麼我們小孩子每天都要在學校的教室裏上課？！當時我對自己這個問題有一個回應：如果小孩子可以離開教室，在藍天綠地、樹林河溪之間上課，該多好啊！

世事常常是這樣的！你越喜歡或越抗拒的，它就越會是你的一部分，這可能就是你生命拓展的密碼吧！我抗拒每天坐在四面皆壁的房間裏學習，但熱愛於藍天綠樹、碧海青山間探索。

現在的我，可幸地實現了童年的願望：就是成為了一個把學生帶到天地自然中去學習的人，同時，一幹已接近三十年了！但真正的老師不是我，而是大自然。

情意自然教育

接近三十年前，我和天鳥[1]剛剛認識，與幾個朋友，一起在香港創辦了自然學校和自然協會（1993）[2]。我們都相信大地是最好的教室，所有山川河流、森林田野都是我們最愛的學習場所。天空中飛翔的鳥、水中暢泳的魚、田野中活潑跳動的蛙、夏日樹上鳴叫的蟬、夜裏閃閃發光的螢火蟲等等一切自然的生命，都是我們的老師。最好的老師、最好的學習場所近在咫尺，就是大自然廣闊的天地。整個大自然，其實就是世上最豪華的學校！

提倡「情意自然教育」理念的背景，一方面因為我們成長受惠於大自然的啟迪，另外就是希望補足當時香港教育制度所缺乏的「情意教育」。我們一直深信，大自然是最好的學習場域，更是最好的老師。情意的教育正好平衡現代側重功利主義及理性科技的教育缺失。情意自然教育，重視三個自然向度的學習：在自然裏學，向大自然學，為了回歸自然本性而學。

創校後的十多年，即九十年代前後，我們多在假日帶着兒童、青少年、家長、教師、社工去行山，走進自然天地中，溯溪、爬樹、抱樹、靜聽天籟，體驗自然，認識自我，探索生命的意義，一起創造生活的樂趣。

一開始，我們已有一個夢想：創建一所以自然為師，以人為本的小學。

1　本名劉永佳，「天鳥」是他的自然名，曾用：古風、一葉、知秋。

2　當時的「自然學校」，亦即「自然協會」（1993 年成立，至 1996 年註冊成為慈善機構）。當時實體的小學雖未開辦，但已一直辦各種假日自然教育活動，向籌辦一所實體小學方向邁進。2007 年創立實體小學「鄉師自然學校」後，正式把假日式自然學校的工作團隊對外改稱為「自然協會」。

Sharing Nature：毛毛蟲蒙眼走路（開啟五感）（2020）

我們深信，只要把人帶到大自然廣闊的場域裏，給出空間，提供適切的引導及陪伴，連接最偉大的大自然老師，大自然會對人作出最相應的教導，並且是説超越概念語言的教導，是通向根本智慧的教導。

　　三百多年前，牛頓不就是坐在蘋果樹「老師」下，受蘋果落地上的不言之教，因而受到啟發，發現「萬有引力」，成為科學之父嗎？我們今天的生活仍間接地受着那蘋果樹「老師」的影響。

源頭活水在自然

　　想起最初探索自然教育的幾年，我親身經歷一個説了好多遍，但還是要再説一次的小故事。這次，大家可以猜猜，牽涉其中的老師有哪幾位？他們説了甚麼「法」？

　　二十多年前，我剛剛開始探索如何在大自然裏進行兒童教育工作，某年夏天，我「搞」了個「自然體驗旅行」，帶領社區中心的一群兒童去西貢郊野公園。回程時，我們在路邊的一棵樹下等旅遊巴士來接我們，它來了，眾人紛紛上車之際，一個六、七歲的小男孩仍蹲在地上，不知看着甚麼而不願意離開，我走過去牽着他的小手，要帶他離開，但他動也不動，並轉過頭來，眼中含着淚水問我：「牠為甚麼會死？」那瞬間四目交投，原來樹下躺着是一隻已死去的蝴蝶，這情景真是一生難忘！當時，面對小男孩一臉純真又淒楚的表情，另一邊又聽到旅遊巴士焦急的引擎聲，那一刻，我竟然不知如何回應，只好匆匆敷衍幾句，便拉着他的小手離開了！上車後，內心不安了好一段時間，故事未完……

　　我想問：如果你是我，你會怎樣做？

這個故事中，教室就在樹下，你覺得學生和老師共有多少位呢？

　　在我看來，這個小孩的老師肯定不是我，而是那隻死去的蝴蝶。而我的老師，就是這個小孩及那隻蝴蝶。蝴蝶給了小孩生命的教育，小孩給了我愛的教育，而他的純真提醒我對生命該有敏感的觸角。他的提問讓我反思，甚麼是教育的本質及陪伴與回應學生之道。

　　那次之後，我開始鑽研關於教育現場的知識和理論，以及回應兒童提問之道，更啟發我多年後開辦了一系列名為「回應的藝術」的主題課程。這個故事雖然已經說了很多遍，但我還會繼續說，因為這種有關生命的現場實況，看似如此瑣碎，卻串連着我們人生那些轉瞬即逝的情意經歷，編織了我們的生命力量，也會讓我們得以從豐富的直接體驗中，建構我們人生的信念系統，充實及拓展我們的心靈世界。

　　這事是如此的歷久彌新，常常回想，都滋養着我，也一直提醒我，在教育道路上、人生道路上，保持初心的重要。在大自然裏，和孩童一起向大地母親學習，就如回歸赤子之心，是世上最幸福的事！

　　故事未完待續……

劉文清

鄉師自然學校校董
自然協會（鄉師自然學校創辦團體）創始成員（1993）、奉愛者及主席
情意自然（中國）創始導師（2017）
情意自然教育體系創始導師（1996）

人本教育

溝通與覺察

海星（葉頌昇）

因為堅持人本主義精神，在鄉師自然學校當老師，最大的挑戰可算是處理學生的偏差行為。自校以非暴力溝通，代替不必要的處罰和獎賞。老師要懂得聆聽學生的心聲，接納學生奇異古怪的想法，暫時放下對錯的判斷，包容學生的犯錯行為，以開放的心靈和溝通對話幫助學生覺察自己的問題，從而令他們願意主動改變，自我糾正錯誤的想法和行為，這才是最重要，但也是最困難的。只要老師願意聆聽學生，不立即批評他們，他們多會願意與老師合作，因為他們也渴望被包容和接納。在自校工作多年，有很多很多的體會，明白的東西也多了，在此想說幾個小故事，讓大家更了解自校的孩子。

有一天，一個頑皮的學生在禮堂外面，嘗試用竹棍敲打窗戶，引起禮堂內同學的注意。儘管沒有真的打下去，但也確實讓人苦惱。我知道以後便去處理，但花了很多時間也沒法讓他停下來，既不想用責罵的方式，也不想討好同學，心裏面既生

氣，又無助！那一刻，即使有很多年的教學經驗，還是感到一陣茫然和不安，學生一直這樣，行嗎？

突然，心裏冒出一個念頭，去拿相機，把他的行為拍下來，做證據，說不定在生活教育法庭上有用。想到便去做，我用相機鏡頭對準他，他也看見了。此時此刻，戲劇性的事發生了，他把竹棍高舉，做了一個很「有型」的動作，看似一位威風凜凜的武士，讓我盡情地拍。孩子呀！究竟你想怎樣？我想起一位曾來自校分享的嘉賓，搗蛋的孩子只是想你關注他，是connection seeking，不是 attention seeking。那是一種震撼，真實的體會，孩子是多麼渴望和人連結，渴望被別人接納，他這麼一個頑皮的孩子，經常被老師責罰，難道他喜歡被罵，被罵反而得到老師的關注嗎？那他在家裏又是否常常被罵？罵孩子能改善孩子的行為嗎？多給予關心，能否改善孩子的行為問題？這一次體驗，帶給我更多的問號，但也使我更確信，光打罵孩子，是無法改善他們行為問題的。

另一故事，是來自一位很乖的孩子。老師請假了，她的課要找代課老師，她主動來校務處詢問是誰，剛巧問的是我。過去，我會立即回答她，很快便處理完，然後繼續忙。可是當天我多了一份好奇，好奇一個乖巧的孩子怎麼會關心誰來代課；誰來代課，又有甚麼分別？於是我問她很多問題，發現原來她怕來代課的是「嚴師」，而不是「慈師」，因為和善的老師來上課，她便不用扮乖，可以在自由、無壓力的情況下回答老師，問老師問題。若是嚴厲的老師，她只好扮乖，循規蹈矩，安安靜靜地坐在教室，不回答，也不提問，把自己收藏起來。

原來我們不自覺地要求孩子「乖」，而孩子對「乖」的理解是聽話、安靜、不犯錯。但孩子基本的特質是好奇、創造、互

自由自在學習（2023）

動、與人交往，他們有跳脫的思維，偶然會犯錯或越過界線，老師容許嗎？我們對孩子的期望是乖巧聽話，還是懂得思考，活出個性？

還有一個插班的孩子，很喜歡來自校上學，大部分時間都很愉快，很享受自校開放及自然的文化氣氛。不過，他個性敏感，有時遇上直率的孩子，一句話，便會使他認定對方心懷惡意，足以讓他心裏會感到生氣和委屈，於是我和班導師跟家長和孩子一起對話，互相了解彼此的想法。我由他的感受打開話匣子。

我問他：「被同學高聲指責，你有甚麼感受？」孩子很自然地說了他的觀點，強調如果沒有做過對方指責的事，即使是大人問到，都會說出自己的想法。這回答正常，我期待他多想想自己當時的感受，於是，我請他停一停，不用急着回應，想想那時的情境：「被人責罵，感到生氣嗎？」

他停了兩三秒，回答說：「會！」

我問他：「生氣甚麼？」

他道：「我沒有做錯事，再者對方沒有禮貌！」

我不打算針對事情的對錯，只關注他的觀點，問：「你認為他哪些表現沒有禮貌？」

「大聲說話！」

我認同他的感受，並且理解他的看法：「哦！原來如此！因為他很大聲，你便認為他沒有禮貌，所以很生氣！除了生氣，還有其他感受嗎？」

他沉默很久，才說：「想不出來！」

我提出一個猜想，請他確認：「你會不會認為同學相處要有禮貌，所以期望他說話溫文有禮，但他沒有如此，這才會令你失望吧？」

他說：「對！有一點！」

我追問：「你認為人要有禮貌，所以即使生氣，也只能保持禮貌地回應，遏抑自己的情緒，避免向他宣洩，或指罵他，因此心裏有委屈的感受，對嗎？」

他點頭稱是。

我仍然關注他的感受，問他怎樣應對當時的處境：「你又委屈又生氣，的確很難受，但不許自己發脾氣，難怪你如此不開心！」

「是啊！」

「你們後來還說甚麼？」

「我跟他解釋過，說是他誤會了。」

「他怎樣回應？」

「他當時沒有再說甚麼了，後來就說這是他的個性。」

「他沒有再指責你了，但也沒有表示抱歉，這也讓你感到不開心。」

「是啊！」

「那你現在明白他多一點了嗎？」

「明白多了！」

「現在心情好一點嗎？」

「開朗一點了。」

「你是不是想在自校結交新朋友，希望能和大家友好？」

「是啊！」

我直接表達：「你有一顆敏感的心，來到自校，剛開始的時候，或會有交朋結友的困難，如果你願意，有心事，有困難，找老師聊天，談談心事，好嗎？」

他笑一笑：「可以！」

這插班生一向被教導有禮貌，是乖孩子應有的表現，他努力做，以符合師長的期望，但卻不懂得處理衝突。面對衝突，他既生氣，又委屈，更不能生氣，難怪成了敏感的孩子。在內心深處，他渴望與人相處，希望能結交新朋友，一起學習，一起生活。

有一次，學生小雀仔在操場大哭，說話混和着淚水，我們都聽得不很清楚他說甚麼。他一邊哭，一邊激動地訴說同學的不是。我覺得學生傷心哭泣時先不要說話，只管放聲哭，便跟他說：「你剛才說話不清，待你哭完，冷靜下來的時候，再說困擾你的事。」隔一會，他哭完後，我請他合上嘴巴，用力深呼吸十次。他依指示去做，我一邊數，一邊和他一起做。我請他把事情原委說一遍，他仍然忍不住哭了出來，說：「我不要別人摸我的腋下！」這次說話清楚很多了。

我好奇道：「有誰要摸你的腋下？」

他說：「他們要我舉高雙手，讓我想起以前，曾有同學在我高舉雙手時摸我，很不開心！」

我同情他的感受，說：「明白了，你很不喜歡同學摸你的腋下，他們要你高舉雙手，讓你回憶起不愉快的經歷，所以忍不住大哭大叫起來，對嗎？」

「對！」

「那你有甚麼話要跟他們說？」

「我要跟他們說我不喜歡他們要我高舉雙手！」

「那我請那兩個戲弄你的人過來，請你堅定地向他們說出心中的話。」

我用手示意一直在旁那兩位同學過來，站在小雀仔的面前。他們總是站不好，但又不敢離開，我想他們心有隱憂。

我說：「我不是要處罰你們，只想你們好好聆聽小雀仔的話，若你們站好，我便請小雀仔說出他心中的話，你們只要專注聆聽便好了，不用回應。明白嗎？」

這二人都是比較頑皮的學生，要他們聽教，得花點時間，而小雀仔則耐心等待。我請小雀仔把話說出來，小雀仔用堅定的語氣說明他不喜歡的事，二人也安靜聆聽。最後，三人各自散去。

能夠有老師處理學生內心的困擾，是良好學習環境的要素。懂得深度聆聽學生的需要，讓學生在安全的氣氛下說出心底話，這是自校老師的功課，也是學生的期盼呢！

以上的故事，讓我重新看待孩子各種各樣的行為，不管是乖巧或頑皮的孩子，都渴望與人連結、被人看見和接納，欣賞孩子好行為的同時，也應接納孩子有犯錯的時候。

在自校當老師，讓我多了一份好奇，好奇學生的內在世界，好奇學生的行為問題，想了解他們背後的想法，探索他們冰山下隱藏的感受、觀點和渴望。

愛是陪伴

河流（吳詩梅）

有一個故事是這樣開始的……

「上帝給了女孩一個任務，要她牽着蝸牛出去散步。蝸牛很努力地向前爬，但似乎都仍留在原地，蝸牛的慢讓女孩很生氣，在旁邊發悶等着，無聊得抬頭看天，才發現雲彩很美，漂亮的景色漸入眼簾，以往走過這段路千次也從沒注意過，女孩剎那間忽然驚覺，原來是上帝叫蝸牛帶她去散步。」

農曆新年假前的家長日，是河流做手術後大概兩個月後的時間，見大獵豹的母親微風時，她慰問我的身體情況，初時不以為然，只簡短回答後就把話題轉到孩子身上，但到最後微風還是要鄭重地解釋為何她特別關心河流的健康，原因出乎我意料之外……

話說十二月中某日黃昏，大獵豹回家後顯得悶悶不樂，微風問其原因，孩子說河流老師翌日要請假看醫生，還告訴同學如果她的腫瘤證實是惡性，就不能再教他們了。微風說自己的

兒子回家很少談學校的事，除非他覺得非常重要。

這又令我想起在差不多日子發生的另一件事⋯⋯

出院之後，河流身體比較虛弱，某天的天氣攝氏二十多度，手腳仍是冰冷，想着上完最後一節導師課後，就快點回家休息，當我如實地告訴孩子早退的原因，有一位女生問：「有多冷呢？可以摸下你雙手嗎？」我伸出手來讓她摸，其他孩子見狀也好奇地走過來，一雙雙的小手逐一捉着河流的一雙大手，然後笑嘻嘻地說：「真的很冷啊！」窗外落葉唬唬，整個課室卻充滿了陣陣溫暖⋯⋯

回歸自然，回歸愛（2012）
懷念河流老師（左三）

這兩件非常微小的事，就算在這一刻回想，我還是有股莫明的感動，因那段時間，正經歷心靈成長上重要的一課，未能在瞬間走出困境，常徘徊於低谷之中，沒想過把我帶出陰霾的，是孩子的天真與爛漫，讓人看到生命與生命之間的連結，是如斯單純和美好。

　　回自校工作接近三年了，以往常思索在課程教學上如何製造學習的驚喜，但現在越來越感受到簡單的陪伴，簡單如吃一頓飯，說一個玩笑，打一場波，行一段路，又或是一起發呆吹吹風，只要是真心與孩子同在 (presence)，愛，就能在彼此間流動。

　　終有一天河流會離開，孩子亦都會長大，但我明白，聚散分離讓生命迴轉變化得更美麗，所以大家能夠共處一起的時候，就應更加珍惜彼此的……陪伴。

吳詩梅

鄉師自然學校班導師及中文老師（2010-2016）

鄉師自然學校創校團隊成員（2006-2007），負責開校期推廣及籌款工作

自然協會「大地行者」情意自然教育導師（第五屆 / 2002）

尋覓學習的可能性

天翔（林天翔）

　　最近舊生邀約相聚，問我升讀大學和方向選擇的意見。久別再會，對方已十八歲，若是偶然在街上碰面，肯定認不出來。初到鄉師自然學校時，我二十二歲，他小學二年級，正是自校五周年，不知不覺，已經到了十五周年。

　　我童年就讀位於打鼓嶺約百人的鄉村小校，中學是主流英文學校，後轉至另類教育的兆基創意書院，最後跑去讀設計，算是在不同的教育方式下成長。從社會效益和個人培養的兩個觀點看「學校」的設計，是我自小就關注的議題。

　　工業革命令社會需要大量各種知識和技能的人手，人民受教育的需求大增，義務教育的制度正是為了提高生產力而設計，標準化的學校課程方便有效篩選差異，為社會分配人力資源。想像一下現今主流學校的免費教育，考試和升學的模式仍是同一概念，不難理解。

　　但當「以人為本」作為教育出發點，小孩有各式各樣，有的

五歲就具有七歲的智能，有的七歲了還只有五歲的智能，智能發展有快有慢；如果認為一年就該有一年的發展，這想法是不對的，因教育效率而抹殺了個人潛能成長的可能性，就像用游泳的標準去衡量一隻雀鳥，牠將會一直以為自己沒有才能。

從「人」出發進行教育，由「篩選」轉換成「培養」，除能力及學術外，學生的心靈成長更是主流大班教學模式下難以顧及的。不是教育工作者有無用心去做的問題，而是學生太多，公務亦太繁重，往往只能關注特別有需要協助或者學習特別優秀的同學，而看似平凡的大多數，就只能靠自己了。

自校重視學生的生活培養，實踐小班教育，老師對每位學生的成長進度可針對性調整，單就這點，就離人本這個理念近一大步了。

當然，沒有學校是完美的。不同特質的人，適合不同的教育方式，有人從體驗中領悟學習，有人從抽象概念轉換成知識，有人從反覆練習得出結果。自校是其中一種教育模式，而教育需要的，正正就是讓人多一個選擇，我覺得這就是自校存在的價值。

舊生對自己的方向感到疑惑，是自校教育的成效，他不盲目追求社會所定義的成功，要努力成為一個自身有價值的人。

林天翔

鄉師自然學校駐場藝術家（2011-2017）

自然協會「大地行者」情意自然教育導師（第十屆 /2012）

自主學習

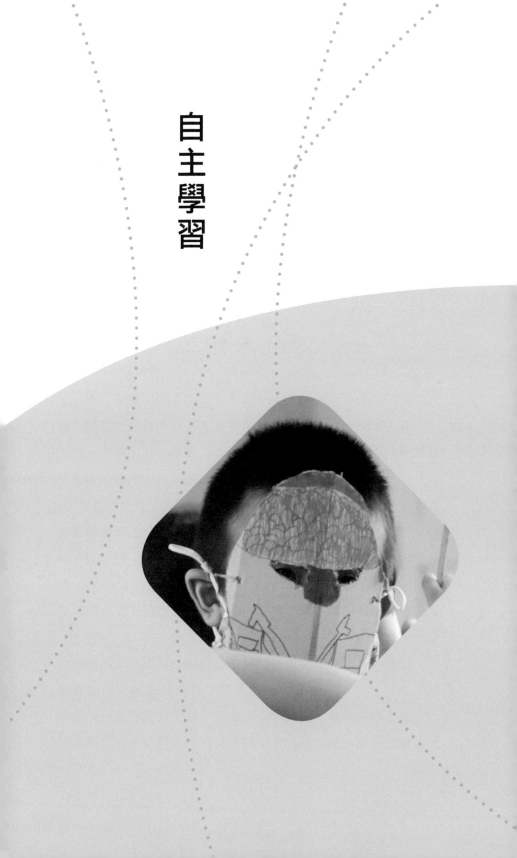

畢業專題

海星（葉頌昇）

有人以為自主學習，就是讓學生學自己想學習的東西，並且想辦法去學會。這想法不無道理，在嬰孩、幼兒時期，他們都會用自己的能力、時間和精力，不怕犯錯地去學習，例如學會走路，學用語言與人溝通。那時候，他們都是自主學習者。

自校這十五年來，真的發現，當學生找到自己有興趣學習的事情，學習的效能總是最佳的。最明顯的例子，便是個人畢業專題。這自主學習課程，由第一屆畢業班便開始供學生選擇，亦隨着時間轉移，不斷改變中，現在已成為自校最能展現學生自主學習、最具特色的學習課程了。

每年學期末，五年級每個同學都會開始構思自己的畢業專題。想好了，便寫信給心儀的老師，請他做導師，老師答應了，升上六年級後，便開始專題研習。每位同學都要用一個學期來完成畢業專題的報告，再在全校師生面前分享自己的研究成果。

2022 年 1 月，預定的畢業專題分享會，因為疫情爆發，可能取消。老師於是開會商討對策，有人提議轉網上視像分享，也有人提議把錄影放上社交媒體，但最終，大家仍一致同意，學生努力完成的畢業專題必須在全校師生前分享。這麼多年來，不少家長特意請假來看學生的報告，低年級學生也因分享到師兄師姐的心血成果，自發地構思自己未來的專題的題目。曾有同學在三年級便已想好了自己的題目，並且寫信邀請老師指導，結果三年後願望達成。這畢業專題分享會實在太重要了，校方於是決定延期，等到疫情稍退再舉行。

　　終於都等到了，全校師生共一百多人在台下，聆聽十多位同學的畢業專題報告。有一位女同學穿上一身花裙子，是她自己親手做的，她的畢業專題是設計及製作衣服。去年，她邀請的老師原先因為不懂得車衣，沒有立即答應，於是她再寫信表示，只要老師陪伴，在旁給予支持和鼓勵便可，她會想辦法自學。最終，她說服了老師。她一開始便打算用自己力量，去完成這個心裏的夢想，這便是自主學習，孩子有熱情去做好一件事時，再難的事也會想到辦法解決。

　　她向大家報告，說得條理分明。這一年，她由簡單的事做起，做各種上衣、半身裙、全身裙、小袋子等，一步一步地向更高技巧的車衣技術邁進。

　　另一報告由兩位女同學負責，她們的題目是動畫創作。她們主要和大家分享創作上的困難，她們受《全民造星》這電視節目啟發，首先創作了一個歌手的尋夢故事。跟着是設計角色。她們要用手做的布偶當主角，鴨仔因為易做，成為她們的主角，但它曾被家貓咬走，只好再做一個新的了。最花時間和耐性的是拍照階段，要在同一個布景之中，一點一點地移動布

偶，再拍攝大量照片，最後用軟件製成動畫。她們邀請的指導老師也不在行，同樣只是陪伴和支持學生的創作，這一切都是兩個學生共同努力的成果。

分享當天，她們第一次發佈動畫，角色動作流暢，故事簡單有趣，激勵人心。這都是由兩個學生，一手一腳地完成，又是一個自發自主的學習故事。

這一年，畢業專題分享會很精彩，有「家」的模型，學生全手工製作自己的理想家居。當這模型放在大家面前，發現很多細小的部件，包括書架上的書、電視機、鞋等都做得細緻逼真，顯然，他們花了很多時間和精力，真不簡單！另外，兩個大男孩，是做情景模型，一個做機械人情景，一個是汽車情景，共通點是用再造及自然物料。

可是，以學生興趣為出發點的理想狀態，並不一定常常出現。基於各種原因，學生會誤以為自己選擇研習的是自己喜歡的事物，又或者能力所限，目標訂得太高，又有可能是同學遇到困難未能跨越，就停滯不前，也有習慣遇到挫折，便原地踏步的。這時候導師便要細心觀察，幫助同學解決困難，為學生提供可能的出路。一旦找到學生真正的興趣，或協助他解決技術層面的困難，學生的學習熱情便會自然出現了，學習過程便會順利得多。

曾有學生邀請我做導師，題目是要做一張木椅，我答應了。六年級開學，原本安排要每周會面一次，但一直未見他主動找我。開始，我等待他主動約談，因為這是一個自主學習的課程，不應由我主導。但他一直沒來，我估計他是一個被動的學生，而且有特殊學習需要。我唯有主動約談，希望協助他，可是，他還是會忘記找我。

我開始懷疑他是否真的想做木椅，於是觀察他小息時所做的事情，發現他從沒有去過木工棚，反而天天在操場上騎單車。我猜想他並不是真的想做木椅，單車也許才是他的興趣所在。

　　於是，我主動叫他把畢業專題改為「單車」，他一口便答應了，而且很快樂。之後，每星期他都來找我，商談專題的內容，他說想學習維修單車，以及完成一次長途的單車旅行。最後，我們完成了一次兩日一夜的單車露營活動，全程走了七十八公里，由泥涌騎回自然學校。

　　另一個例子是：有兩個男生螳螂和倉鼠，決定以動畫為畢業專題題目，邀請我指導他們創作動畫故事。小孩子喜歡動畫是很容易理解的，但為何請我做這專題的導師，其實我不懂得如何創作動畫。我不清楚，便問他們原因，他們說因為我喜歡拍照，應該有辦法的。我雖然不懂，但也略有概念，心想不如和孩子一起學習吧！便答允他們的邀請了。

　　儘管畢業專題是學生喜歡的，內容又是自行研習，但是這兩位學生容易分心，平日上課的表現一般，我好奇他們的畢業專題會有何表現。小六開學了，我忙，而他們也沒有主動找我商量。直到 11 月中，我主動請他們來商討。

　　難題來了，他們心目中是做平日在電視上看到的動畫，但動畫是如何創作和他們是否有能力製作都成疑問，因此我們一起上網搜尋動畫創作的方法。螳螂突然靈機一動，說可以試試「手翻書」，我們立即在網上找到大量創作技巧和方法的資料。這點燃了螳螂的學習動機，他立即着手創作，由故事大綱開始。

　　而倉鼠仍然想着電視上的卡通動畫，每一個人物他都認真畫，這只是他的處女作，要做到高質素是不可能的。我請他改

為動畫人物設定，放棄動畫創作，他竟然答應，兩周內便畫了十多位人物出來。這到倉鼠的工作熱情出來了，人物有了，還有一個多月才交報告，便讓他利用已有人物，創作一個故事，他竟用聖誕假期，寫了六章故事，連媽媽也感到他的專注與熱情呢！分享當天，故事還在創作中，但他很有信心地說將會完成，並且可以售賣給預訂的同學或老師。結果，因為精彩的分享，預訂的同學眾多，一個多月後，我手上也有一本他完整的作品。

過去十五年，已經有百多位學生接受這個挑戰，他們的題目真是五花八門，精彩萬分。有的是知識的研習，例如「自校違禁品」、「昆蟲觀察」、「人在野」、「人為甚麼要吃牛肉？我們怎樣對待牛？」、「人為甚麼會哭」、「神話」、「沙頭角鐵道歷史」及「古蹟探究」等；有的是學習某種技能，例如武術、爵士鼓、手語歌、蛇板表演、自然攝影、時裝設計、組裝電腦、美味素食餐；有的是要完成一項作品，例如服裝設計及製作、繪畫或繪本創作、理想家居、模型創作、動畫創作等；也有的是要完成一次旅程，例如「背包遊」、「麥理浩徑全走」、「香港流浪」、「電波少年」、「台灣單車少年」、「窮遊」、「單車露營」等。

學生要在上學期末，把學習過程、感受、學到的東西，全都寫在一份報告內，也就是一份個人的學習歷程檔案，交給導師評分。自校老師們都很喜歡看那些報告，它們包含着學生的個人成長和心思，真的極有意義，讓人讚歎不已。

畢業專題的自主性很強，選題大都是學生喜愛研習的事物，所以大部分學生都很認真。發展到後來，畢業專題的題目都是由學生自己擬訂，再找心目中合適的導師協助。

畢業專題引出學生自主學習的動力及能力，引發內在的潛

挑戰自己（2017）

能。曾有兩位學生主動請老師協助他們到台灣騎單車，其中一人在分享會上表示，完成這個專題，對自己的能力有更多認識，自信心增強不少，懂得感恩，感謝協助他的人。他曾在一般主流學校學習，每天只是上課，做很多做不完的功課，測驗考試經常很低分，成績自然很差，自信心低落，越來越不喜歡上學。但轉到自校後，在包容與接納的氣氛下，他一天比一天進步，終於完成畢業專題，讓人感到他成長了很多。這是當自校老師最大的福氣！

問題少女

海星（葉頌昇）

　　謝師宴當晚，看見一雙涼鞋安靜地躺在座椅下，便知道涼鞋的主人，又赤腳到處找人問問題了。

　　為甚麼要穿鞋子上課？為甚麼要穿校服上課？自校畢業生之中，有這麼一位每事問的「問題少女」。每事問，表示學生很有學習動機，具有自主學習精神。有一天，她和我的女兒都要升中了，到一所中學申請轉學，在等候面試時，她不停地問我以上的問題。

　　其實，自去年要找中學時，她已不停地問人這些問題。在中學開放日時，她也會問老師同樣的問題。當天面試也如此。升中，她最關心的，就是鞋和校服的問題，世上沒有多少人會像她不服氣地，不停地問，如此地堅持，這令我十分佩服。

　　這女生，自小觸覺便很敏銳，即使只是穿拖鞋，雙腳還是會感到侷促，所以一直不願意穿鞋。在自校，她可以選擇赤腳到處走，但升讀一般中學，可以不穿鞋上學嗎？

面試完畢後，我們一起吃零食，我問她有沒有問老師，她說當然有。

我再問：「那麼，老師如何回答呢？」

「等我們真的收妳入讀時，才回答妳，先問別的問題。」她答道。

老師用打岔的方式回應，這當然不能讓她服氣。

除了喜歡赤腳，她是一個每事問的女孩，最常用的詞語是「點解……？」若回答未能滿足她的好奇心，她可以不停地問下去。有一年，她不停地問實習老師「點解」，年輕老師被問到語塞，只能請她停下來，讓他可以把預備好的教材教完。

她對人也很好奇，每有人來拜訪自校，不管對方是誰，她都會直接地問：「你係邊個？你來自校做甚麼？」或會有人覺得她沒有禮貌，但欣賞的人會說她敢於發問，不怕陌生人。當那些能放下身段的大人和她對話時，便會發現她只是好奇心強，只是還未懂人情世故，說話簡單直接而已。

這樣的孩子不好教，老師應付不了；她不自覺地挑戰老師的常識，甚至權威，一般老師應該不會喜歡教這類學生吧！一位中學校長約她面試，最後決定收她入讀，原因有二：一是欣賞她敢於提問；二是若不收她，恐怕也沒幾間中學願意錄取她。這樣的校長在今天香港的學校真是少見，值得鼓掌支持。

應對這類孩子，最重要是接納他們獨特的個性，聆聽他們好奇的問題，耐性當然是少不了。

對於上學要穿鞋，我反問她，老師要如何回答，她才甘願穿鞋上學。她回答說只要有道理，能說服她便可。一般的答案當然不管用，其實孩子的問題是有意思的，老師也需要具備反思能力，才能和她對答下去，引導她反思一般人穿鞋的需要。

我愛自主學習（2019）

我說：「以往農村人都不穿鞋，但城市人卻不能不穿鞋，妳有留意嗎？妳又知道原因嗎？」

她眼睛發亮，說：「我明白了，像我天天赤腳，即使天氣炎熱，我走在『石屎』路上，也不覺灼熱，但其他同學卻不行。可能我的腳皮比較厚，其他同學的的腳皮比較簿。」我讚賞她的大發現：「對，妳明白了。我曾經見過原住民能赤腳走在又尖又利的岩岸上，看上去，他的腳皮真的特別厚。大部分人沒有那層天然的保護厚皮了，所以穿鞋是因為要保護雙腳。老師反而不明白妳為甚麼可以不穿鞋。妳又是甚麼原因，那麼討厭穿鞋？」關心她不穿鞋的原因，一方面好奇，一方面表達關心，而不是即時反對。她說：「我自小穿鞋便覺得侷促，所以不喜歡，在自校又可以赤腳到處跑，所以便想升中後也一樣。」

「哦！原來如此！」一聲感嘆，我終於明白了。

聆聽，不是裝模作樣，聽聽便算。當孩子質疑所謂俗世認定的想法和觀點時，老師最好還是保持好奇心，好奇孩子問題背後的需要，甚至可以和他們一起探索問題的社會意義，不要急於提供答案，不要同化孩子的觀點，而是開啟和擴充孩子的想像能力。

由「是否一定要穿鞋」這問題出發，探索不同人穿鞋的差異，不是給孩子答案，而是一起探索問題，這樣的師生交流，不是很美嗎？

整全人格的陶養

憫農體驗

知秋（劉永佳）

　　趁六年級考完呈分試，我校再為畢業班安排「關懷土地」系列課程，上周的重點是帶學生到農場勞動，周日到農墟幫手擺賣，讓孩子體驗農民的苦與樂。出發前，我們在課堂上重溫唐代李紳的《憫農》，點出「粒粒皆辛苦」中的「苦」是詩眼，由此每人設想十種農民感到的苦：炎熱、蟲咬、失收、疲倦、腰痛、貧窮……下課前，我預告：不久，我們會一起體驗幾天農民的苦，看看是否與我們設想一樣？是怎樣的滋味？除了苦以外，還有甚麼其他的感受？

　　體驗第一天，我們乘小巴抵達粉嶺丹竹坑琴姐的農場。我們熟悉琴姐，信任她的有機農作物，她是老實可靠、值得支持的小型農戶。她安排我們一行十人的農務，主要是易學易做的拔草。那天烈日當空，天氣潮濕，又要俯身、下蹲、用刀、使鋤，對城市人實是體能、意志、耐力的全面考驗。琴姐接待城市人下田的經驗多，她讚賞我校學生能幹，比一般孩子刻苦耐

堅毅地向目標前進（2012）

勞。事實上，自校孩子戶外活動多，皮膚黝黑，慣了勞動流汗，這是他們的長處。即使如此，這天多數學生每二十分鐘就要到樹蔭小休喝水，他們印象深刻的是暑熱口渴之苦，原來當日天文台已發出酷熱天氣警告！還以為第二天學生會病倒或過累請假，豈料全部到齊！而且上下午合共拔草三小時，平整了好一大片田畦，幫輕了琴姐不少。午餐時，我問學生兩天以來的體驗，樹仔說：「我只做兩天便覺辛苦至極，琴姐天天如是，真了不起，她真強健！」白肩鵰認為善用鐮刀鋤頭等工具能事半功倍，琴姐教識他不少用工具除草的方法。樹下溪邊，我剝着橙皮，細聽學生分享種種的感悟，好滋味！

　　壓軸體驗是周日輪班到太和農墟，幫琴姐擺檔做小工。話說太和農墟[1]是歷史較長的有機農墟。每逢周日有約三十個菜檔及有機健康產品貨檔，供街坊趁墟購物，蔚然成風，故熟客多，生意好。那天琴姐出售的農作物有合掌瓜、節瓜、青瓜、豆角、青蔗、韭菜、番薯葉、子薑等，不到下午一時，已全部沽清。學生在旁幫手摘枯黃的菜葉、擷取芝麻及豆角種子等眼見功夫，做得專心又開心！臨走，我問學生的苦樂感受和收穫。雪橇狗表示喜歡農墟熱鬧喜悅的氣氛，見着農友將農作物賣予識貨的熟客，很有滿足感！離開農墟，挽着滿載的收穫，見證九個自校學生一星期的經驗得着。

　　我更深深體驗憫農的重要與可貴！

1　太和農墟於 2016 年停辦。

贏了甚麼？輸又如何？

海星（葉頌昇）

　　曾被媒體訪問怎樣看「贏在起跑線！」，我當然不會認同大眾常常掛在口邊的這句口號。不過，它確實深深影響我們每一個人，大家常常會迷惑在勝負之中，有時並不是想贏，而只是怕輸。

　　近日，得知體育老師不準備派隊參加地區的校際九人足球比賽。自校過去一直都有參加這項賽事，去年疫情取消了，心想孩子都忍耐了一年，難得今年有機會重辦，他們熱愛足球，一定躍躍欲試。我好奇老師是怎樣做這個決定，便問他：「是甚麼理由讓你決定不派隊參賽？」老師答道：「自校的學生一直都只能在小小的籃球場上訓練，九人賽是在大很多的足球場上進行，擔心學生應付不了，又怕孩子輸不起。另外，自校學生人數少，要湊夠九人，有困難！」謝謝老師坦誠的回答，我問：「若孩子輸了，但很開心，可以嗎？」老師似乎很難想像輸了仍很開心的情景，遲疑了一會回答：「應該可以吧！」

於是，我向他描述兩次輸球的情景：第一次九人賽回來後，孩子見人便說：「我們輸了四球，但玩得很開心！」孩子輸球，沒有不甘心，反而很快樂，還樂意與人分享。孩子是輸了，卻又贏了，贏了快樂！另一次是校際五人賽，報名時有八人，但出場當天，卻只有三人到場，而且都是後備。賽例是三人也可出場，老師和教練問孩子：「要出賽嗎？」孩子說要，結果 1 比 10、1 比 11 連輸兩場。我問孩子：「你有享受球賽嗎？」孩子們說有，再問：「有沒有精彩的演出？」守門員說有兩次成功的撲救。孩子輸了球賽，卻也贏了，贏在能享受比賽的過程，欣賞自己的努力！自校有句口號：「要贏得快樂，不要輸給執着！」教育不是一場短跑，更不是一場你死我活的競賽。一個只管拼命向前跑、許勝不許敗的人，是不會懂得欣賞沿途風景，也難以享受運動帶來的樂趣。

與自己和解

海星（葉頌昇）

「記得那年的畢業專題，題目是設計一條裙，並且要親自做出來。當我準備要做全校口頭報告時，發現已完成的裙子竟然被人惡意破壞，後面被人剪了一個大洞！」小燕子在台上和家長同學分享自校生活的時候説：「那時真的很難過，很傷心，花了那麼多時間和精神，在快要做報告時，發生了這樣的事！儘管老師幫忙修補，但還是趕不及在口頭報告前做好。我很氣憤，是誰做的呢！」她回顧這一段令人不快的童年往事，語氣不似是憤憤不平，反而予人平靜而安寧的感覺，沒有再把當年被人欺負的事放在心上。

後來，她指出：「回來自校，分享時才發現自己經歷了那麼多事情，即使只是分享，仍然給自己很大的得着，很感恩曾在這裏生活和上學，沒有自校，就可能沒有今天那麼快樂的小燕子。」

小燕子最後提到：「後來，我知道是誰弄破了裙子，希望

他能向我道歉，便在向全校作口頭報告時，公開的說，若破壞者能道歉，我會原諒他！」她知道那人當天沒有上學，但還是把心裏話說了出來，因為她明白跟破壞者和解，便是與自己和解，把傷心難過和憤恨通通都放下，不帶在身上，她要選擇往前看，不再把記憶停留在令人傷心的往事上。所以，成就了如今快樂的小燕子。

　　眼前的小燕子已在自校畢業了七年，是自校第二屆畢業生，去年考高中文憑試，獲科技大學錄取，修讀工程，打算明年選修「可持續能源工程」的課程，希望將來從事和環保有關的工作。

　　分享會同場也有三位剛升中一的男生，其中兩位曾因為拍蚊而大打出手，問題持續很久都無法解決，弄得班導師頭痛非常。老師今天說到往事時，他們均表示已忘記了，彼此反而變成好友，再沒有爭執。

　　很多人都以為自校是一間快樂學校，孩子們一直過着無憂無慮、沒有壓力的生活，然而自校是存在於香港這大社會中，儘管老師們都很有愛心，願意接納孩子，功課和考試壓力比一般學校少很多，但自校仍無可避免是社會的小縮影。當每一個來自不同家庭的孩子走在一起，各自帶着過去的經驗和家庭規則來，衝突和糾紛當然是常有的事，而和解就是最好的解決方法：始於與人和解，終於與己和解。

整全人格的陶養 4

擁抱自己，好好難過

白鷺（蔡珊茹）

　　有一位家長，閱讀過一些我與女兒和學生溝通的分享文章後，好奇我怎能總是這麼溫柔平和，這麼有耐性，就算事情牽涉到我，我好像很快就能調節情緒，讓心情平復。我是怎樣面對、怎樣陪伴自己的呢？

　　過去，因為角色身份的制約，我經常隱藏自己的情感。曾經遇到不滿的事情，我或暴烈或冷漠以待。有人說我生氣的時候樣子很嚇人，不作聲時很嚴肅，令人害怕，望而生畏。

　　的確如是，我們回應事情的方式往往受着自身成長經歷的影響。如果未能反躬自省，會不斷循環重複，自己閉塞受苦，身邊至親也遭殃。

　　如今，經歷生命諸多試煉，我領悟到愛自己的重要。近年，我開始接納自己也可以表現軟弱的一面，難過的時候，就讓自己放空；不知所措的時候，可以找信任的朋友陪伴；遇到衝擊鬧情緒時，會遠離人群，免得嚇壞人。有時候會到山裏去

自校師生二人自然遊：海星（拍攝者）和樹仔（2016）

放空，山可以盛載我的脆弱；有時候會躲起來哭一場，讓眼淚釋放受傷的心靈，擁抱自己，給予充足的時間空間。

老公曾做了一件事，讓我感到失望、困惑、不滿、生氣、受傷和失去連結。我情緒激動，四分五裂，不想理睬他。於是躲起來，難過了一天。

眼淚流盡後，我用了剛出版的 NVC（Nonviolent Communication，非暴力溝通）的「同你聆聽卡」，探索內在需要。發覺清晰、肯定、真誠、得到重視和連繫對應了我在這件事上的需要。

沉澱了一晚，翌日早上，我比較能平靜跟他表達。他也試用同一套卡，跟我說出他的情況，並對自己的行為感到悔疚，

誠懇地向我道歉。若這件事發生在以前，我大概很長一段時間會生悶氣，而不懂原諒他。

因為我這一年專注練習 NVC，所以就用這個方法。然而，無論是 Satir（沙維雅溝通模式）、內觀、靜觀或任何信仰，只要找到幫助自己梳理情緒，再次與自己與人連結的方法，就能夠超越痛苦。

不要讓自己鑽入應該不應該的困局裏，不要將某人的行為跟愛與否畫上等號。不要認定自己是受害者，手指指向別人，這樣就無法擁抱自己。只要專注探索事件引起的感受和自己渴求甚麼，重視甚麼（人類共同的需要），悲傷過後，對自己對別人坦誠，心就會慢慢豁然開朗。

蔡珊茹

鄉師自然學校創校老師（2007）及英文、普通話老師、圖書館主任（2007 至 2023）

鄉師自然學校（家教會）家長教師同盟第四屆至第六屆副主席（2016-2022）

鄉師自然學校家長（子女 / 就讀年：太陽鳥 / 2014-2020，小蝴蝶 / 2016-2022）

自然協會「大地行者」（第二屆 / 1999）及自然協會幹事（2001）

跟大蟒蛇做畢業專題

蘑菇（陳穎慈）

「天翔，你應該先讓蘆葦出場，然後用恐龍做壓軸。這個安排不僅對他們兩個好，也對我之後出場有利。」大蟒蛇跟天翔說。

畢業專題口頭報告前一天，大蟒蛇很認真地跟我分析自己怎樣才能掌握最大的演出優勢。他知道出場第一隊的導師是天翔，就找他討論，一起分析蘆葦和恐龍的性格。他又跟我說觀眾分心、喧嘩、過分熱情或遇冷場時，應該如何應變。跟大蟒蛇一起做專題研習的這段日子，我早知道這孩子絕對不用我操心，但沒想到，他除了口才了得，原來背後也想得如此周全細緻，實在令我佩服。

回想一開始做畢業專題，因為聽到一些同學、家長和老師對學校規定吃素有意見，所以想跟對此有興趣的同學探討，甚至打破這個規則。第一次跟大蟒蛇開會，我問他為甚麼要選擇「違禁」專題，他一臉正經說：「因為我想告訴大家『違禁』有何

不好。」我馬上就暈了，我這個作反的題目竟遇着正氣學生！

在往後的一個月裏，我覺得自己完全不懂得帶領大蟒蛇，甚至連題目都沒有定下來。後來我重新檢視自己的矛盾，想起童年做事受到師長極大限制，令我對「自由」和「規則」特別敏感。及後，我放下自己的陰影，嘗試完全尊重大蟒蛇，以他主導這次學習。我理清自己的糾結後，很神奇，大蟒蛇很快就定下題目，並着手研習。

大蟒蛇做了一些資料搜集後，選擇自己最感興趣的範圍，並將題目定為「牛奶和牛肉從何而來？人類如何對待動物？」我後來問他為何不做「違禁」專題，他說：「校規只是一間學校的事，反正 rules are made to break，但肉食如何來到我們的餐桌，這是整個世界的事，我想告訴大家生產食物背後的真相。」大蟒蛇有一天問我：「很多人都是喝牛奶長大，牛等於是人類的第二個媽媽，我們為何可以如此對待自己的媽媽？」「為甚麼人願意花很多錢買鑽石和 iPhone，卻不願花資源好好保護我們賴以生存的大自然，並且為了享用廉價的肉食而殘忍對待牛隻？」老實說，這些問題，部分我其實也沒有仔細想過。

差不多完成畢業專題的時候，大蟒蛇告訴我，以前他很喜歡吃牛雜，但知道有關牛的真相後，幾個月都很少吃牛肉。大蟒蛇三年級開始便在自然學校讀書，學校吃素的規定並沒有改變他吃肉的習慣，今次是他自發對肉食作深入研究和反省，並將所學的新知識成為他生命的一部分。

人們常說教學相長，我這次親身體驗過，所言不虛。我從中學開始就為不同的學生補習功課，幾乎所有題目我都懂，所有的試題我都能解，但是，與其說我是老師，我卻更像是一台生產好成績的機器。這次跟大蟒蛇的相處和學習，我感覺自己

是一個人，大蟒蛇的發問和反省，既沒有完美的答案，更沒有特定的公式，但我很享受跟大蟒蛇探討這個題目，過程又不時傾談生活上的瑣事，這就是最美好的回憶。

陳穎慈

鄉師自然學校推廣及宣傳幹事（2012-2016）

整全人格的陶養 6

我現在不用扮嘢

落葉（鄭鎮邦）

　　早幾天，大女兒三年級結業。曾經她是那種「攞獎攞到手軟」的學生，大小通吃。今年，她雖然也得到一些獎，可是相對過去兩年，那是少得可憐。

　　結業禮完結，回家路上，我問她：「是不是爸爸沒留意到，為甚麼好像你們三年級沒有人得到大獎？」她淡淡然回答道，班裏的確沒有人得到壓軸的「慈愛大獎」。我又問她，會不會因為少拿了獎，感到有點不高興，或者失望。她沒有怎樣回應，反之，開始向我介紹今年的獎項有點改變：多加了一些項目，也多一些同學得到獎項。可惜，原本他們班級志在必得的兩個獎項，卻因為同學退學而失卻了。她說到這裏，內容我倒沒有太在意，也忘記了好些細節。不過，我感覺她很開心，是一種單純的開心。

　　我怕她會因為她的「同理心」，希望讓大家都高興，而忽略了自己的感受，暗地「放水」，我轉移話題，把事情拉到那個

「慈愛大獎」，過去兩年，大女兒都拿了這個獎項，今年她沒有拿到，而她的同學也沒有拿到。不同於其他班級，在三年級，這獎項沒有得主。她的回應出乎我的預期，她說她今年的確沒有做到這獎項的要求，所以她是「應失」的。我就說：「明知如何做卻沒有做，而最後也沒有造就到任何人拿到這獎項，是否有點可惜？為了自己班，是不是也應該挺身而出，而不是放棄呢？」

她堅定地回答：「我現在不用裝模作樣，我要做真正的自己，我覺得這樣很好。」

我悟到女兒又長大了！做爸的，沒甚麼好問，不如先好好放暑假，休息一下，期待妳小學雞生涯下半場好了。

鄭鎮邦
鄉師自然學校家教會「家長教師同盟」主席（2020-2022）
鄉師自然學校家長（子女 / 就讀年：珍珠 / 2018-2022，小西瓜 / 2021-2022）

生活與學習合一

勞動學習

一葉（劉永佳）

百丈懷海禪師說：「一日不作，一日不食。」對現代的城市人來說，「作」的內容有很大的變化。孩子作的是功課；成人所作的，多半是用電腦的工作，農禪生活的耕耘、挑水、擔柴、燒飯、掃地等勞動，如今已由他人、電器或傭工代勞，「習勞」一科亦早已在學生課表中剔除，代之以不斷更新的學科了。

猶記得八十年代，日本學校藉清潔課室來培養學生愛校、負責、勞動的意識，引起香港學界一陣辯論，最終還是維持高度分工（老師主教學，學生主讀書，工友主清潔）的意見佔多數，「勞動」不是現代學校的重點。

然而，人類歷史，不就是雙手勞作與民智提升的一部紀錄大全麼？不讓孩子從勞動中獲取健康體魄、身體智能、運用工具的技術、空間感、團體感等，實在有違自然與文明。因此，鄉師自然學校鼓勵教職員、家長、孩子習勞，乃至時有邀約各界好友前來學校出力、流汗！

年廿八，農曆年假前夕，校曆定為「大掃除日」，學生回校進行集體「洗邋遢」！早會時，我們勉勵同學「掃地掃地俾心機，抹地抹地無蚊飛，抹窗抹窗邊歌唱，環境優美人歡喜」，然後說明分組工作和休息時間，為令大家知所用心，老師提示大家：投入、細心、惜物、合作。解說過後，學生隨老師領用品到不同的地方勞動去。

　　要清潔的地方不少：各課室、圖書館、美術室、走廊、梯間、禮堂。清潔的工序大概有：執拾枱椅、掃地、抹地、抹窗、倒垃圾等。儘管學生都有清潔的常規訓練，我還是不厭其詳的陳述是次目標（Aim）：枱、椅、地、窗、櫃、架要清潔好，桌椅放置整齊、物品用後放回原處。繼而羅列工作清單，讓學生自行選項（Option）。到他們各有差事，我便在各環節指導示範操作方法（Method）：如何執持使用掃帚、如何揩抹暗角塵垢、如何用報紙團抹淨有水印的玻璃窗、如何省力有效地用濕布抹地等等。孩子對新事物都感興趣，對於自己有能力做好的事工，尤其落力認真，只要大人表現真切的敬業態度，他們會有樣學樣的。最後，是學生期待的評估（Evaluation），不論成敗好壞，其實孩子都希望別人給予回應與建議的。

　　對剛完成抹地的小虎，我問他：「十分是滿分，你給自己幾分？」

　　「七分。」

　　「很不錯呢！那餘下三分是甚麼？」

　　「有不熟練的地方，做得也較慢。」

　　「回家你會幫家人大掃除嗎？」

　　「會！」

　　透過問答回饋，我愈加確定孩子正面積極與自我完善的潛

合作精神：風社揚旗（2019）
（自校四社：風、火、山、林，學生、老師、家長均為社員）

質，只要有機會、示範和回應，他們都能學有所成。

　　經過三節的清潔時間，眼見原來雜亂蒙塵的地方煥然一新、整潔明亮，我和老師們翹手相視讚歎：「人多好辦事、齊心定事成。」放學前，我邀請大家臨離校時用心注視校園的狀貌，給自己一聲喝采，因大家為「建設情意校園」又畫上漂亮的一筆。這樣的共同經歷，師生互動，幫助大家培養對學校的歸屬感和責任感，知道怎樣維護屬於大家的地方的整潔與衛生。

　　在虛擬取代真實、科技壓倒勞動的世代，我們愈要在基礎教育的課程裏，落實用手腳、用工具去改善生活環境的價值觀；不然，在電子科技邇爾失控的時候，人類會因淪為科技產物的附庸，失去本有的機能妙用。

　　二十一世紀，學校教育一大關鍵的共通能力該是：用手、用心的實踐能力。

歲月不再，童年永在
——自然學校中秋晚會

一葉（劉永佳）

2010 年，香港電影《歲月神偷》獲國際電影獎項，大家紛紛緬懷逝去的七十年代——那是香港人「捱窮、奮發、起飛」的一段黃金歲月，電影中任達華和吳君如一家四口在永利街的生活，具體、富情味地把當時普羅大眾的艱辛重現銀幕。最記得戲中一幕：永利街上，炎熱的夏夜，穿背心和的確涼恤衫，踢着拖鞋的街坊，在門外一桌桌開餐，孩子夾菜會「飛象過河」，一街數十人如大家庭，有飯同吃，有難同當，融洽無間。然而，歲月如神偷，偷走了往日的社區面貌，也帶走了濃郁的人情味，種種失落了的都一去不返。

生長在七十年代徙置區七層 H 型大廈的我，深有同感。舊日的公屋，設施如廁所、浴室、供水設施、樓梯、空地都是公共的，大人與孩子就在一梯幾十伙的情景下醞釀出感情與故事。不方便的是空間狹小、物資匱乏，卻換來大量人際相處的

體驗與磨練，我學到怎樣創製玩具、玩遊戲、打發時間、與不同年齡街坊談話、解決問題……簡言之：怎樣一起過更好的生活。這是七十年代人的集體回憶，共修的生活課程。

　　2011 年秋，承接去年辦中秋晚會的美好經驗，學校安排了在周五全校「歡慶迎月中秋夜」。旭芬（老師）當統籌，大家準備不同環節的工作，自選參加，分別有河流（老師）及天翔（駐校藝術家）製燈籠、小雨（老師）生火煲湯水、茶花籽（家長）做月餅、咖啡豆（老師）畫紙扇、旭芬負責猜燈謎和我畫布景畫等等，好一幅自校熱鬧多彩的迎月圖！經過下午兩輪的分組活動，傍晚河流召集大家圍桌晚餐，各人帶來豐富的應節食物，有各種月餅、芋頭、水晶梨、柿子、柚子、菱角、大蕉、大樹菠蘿、各式粉麵飯等，品類之多，勝似六星級的自助餐宴！在緩緩上升隱現觀音山後的月亮映照下，大小約二百人大快朵頤，圍聚聊天，那氣氛比永利街熱鬧。

　　我和流水（家長）、茶花籽及阿牛坐在樓上一角，仰觀透雲之月，俯視孩子點玩蠟燭的星火，忽爾覺得：點蠟燭、煲蠟此一玩意，算是香港頗鮮明獨特的中秋玩意，而我們有此空間、情趣與孩子一同點燈、猜燈謎、玩蠟燭，實屬好玩又難得。我們不自覺地重回兒時一大班同伴在一起玩、摟作一團、打成一片的混沌之境，過去與未來重疊於現在這一刻。這種超時空的體驗，使理想、夢幻與現實合而為一，大家不分彼此，閃現寧靜融和的心靈狀態。

　　晚會將盡，頂着皎潔的白玉盤、嘗過節日美食、聽過張家誠（音樂家）繞樑之音、談過今昔的諸種美好經驗，我得出中秋晚會再辦下去的原因：讓自然的美善與人世間的和諧合一的活動形式，應將之延續下去，傳諸久遠。

翌日早上，我讀到曾報道自校的詩人廖偉棠的一句話：請讓我用空洞的身體為笛為你奏一首夜曲。

生活閒情

海星（葉頌昇）

　　我拿着保溫水杯，走過音樂舞蹈教室時，聽到電結他激昂的聲音，忍不住走進去看看，原來六年級的閃電在舞弄電結他，五年級的鴨嘴獸在旁聆聽。二人看見我走進來，暫停下來，把目光轉移到我身上，鴨嘴獸看見我手上的水杯，問道：「可以請我飲杯茶嗎？」我思索了一會，回答不能，但問他可有興趣自己泡茶喝。他想了一會，爽快的回答：「也好，反正遲一點茶藝專題也要學，現在先學一點吧！」

　　於是，鴨嘴獸跟着我到校務處，拿了一套茶具，在圖書館門外的圓枱上放下，然後去燒開水，選茶葉，我建議泡鐵觀音，他點頭稱好。擺好茶具，放好茶葉，燒好開水，準備泡茶了。我教他簡單的飲茶知識，第一泡是要用來洗茶和茶杯的，第二泡才開始飲。鴨嘴獸用心地泡茶，而這段時間，是「生活閒情課」；這課沒有特定的主題，學生可以做自己喜歡的事，學習隨機發生。像這次的茶藝分享，便吸引了幾個閒着沒事的

學生，走過來問做甚麼事情，我説在泡茶品茗，問他們是否也要喝。在好奇心驅使下，大家便圍坐在這小小的圓枱，一邊喝茶，一邊聊天。

孩子們來來往往，有人喝完了，便去玩；同樣，老師走過，我們也會邀請他來一起喝，有人喝兩杯便走了，但也有老師留下來，聊茶的故事，聊茶的口味，聊茶的知識，也聊茶的種類。後來，另一位老師也加入，還帶來自己的作品，是親手製作的陶製茶杯，一共有十多隻呢！這真是大開眼界，她和大家分享了製作的心思。結果，鴨嘴獸就這樣，在圖書館門外，泡茶泡了整個下午，換了好幾次茶葉，也樂此不疲，因他能親手泡茶，與同學老師分享，怎説也是一件快樂的事。

泡茶以外，也有其他事情發生。在我們旁邊，有幾個小孩在下圍棋，另一邊廂，又有幾個小孩在玩五子棋，遠一點有老師在彈小結他唱歌，操場上有人在玩蛇板或單排輪。在這兩小時裏，大人小孩各適其適，做着自己喜歡的事。

學校當然是一處傳授知識學問的地方，學校有課程，老師要授課，一般學校的小息匆匆而過，但就沒有這種閒情逸致，也沒有足夠的時間，能坐下來聊天喝茶，交流分享。自然學校特別安排每周有兩節「生活閒情課」，是一種留白的課程。

校長被告

海星（葉頌昇）

　　自然學校有一個「生活教育法庭」，處理同學和同學之間的紛爭，是自然學校有特色的非學術課程。每年，我們都會請全校師生，投信任票給合資格的老師和同學，只有當候選人信任票超過某個百分比，才會當選為候任法官。除了得到師生的支持外，候任法官還要上法官課程，考筆試及實習，完成這些程序，並且考試合格，才能當法官。過程是很嚴格的。當不了法官的學生，就出任法庭大使，協助維持法庭秩序，傳召被告和原告。

　　在法庭上，法官要按程序，先了解事件經過，詢問雙方感受，但不能妄加評論，然後問雙方是否願意和解。和解可提出條件，例如希望對方道歉，或作一些承諾。若雙方願意和解，事件便告一段落，否則便要正式審理了。

　　自校法庭有趣的地方是學生可以告老師，我便被同學告過。有一次，我走過一位二年級學生身邊，用手摸一摸他的

頭，他不喜歡，我也不為意，以為孩子耍寶，也就沒有理會繼續摸。他很憤怒，見我沒有理會，便說要告我，他說到做到，真的拿狀紙告我。又一次，我吃完午餐，走到飯堂門口的洗碗槽，不為意被一位後退中的同學撞倒，碗內的熱水倒在手上，我很憤怒，破口罵他，他卻不認為自己有錯。他那種不承認責任的態度，令我更憤怒，我於是用水潑向他的手。他心裏不爽，便去告我。

　　兩個案件，一次沒有聆聽同學的心聲；一次失去冷靜，不能安然面對同學惡劣的態度，用了反教育的方式教訓他，結果兩次被告。最後我放下身段，在法庭主動道歉，與他們和解，化解彼此的怨恨。校長不是高高在上，犯錯總會有，法庭讓我也有足夠的空間，反省自己的不足，也讓學生用平和的方式，處理衝突。有畢業生表示，在自校的生活法庭，學會了用告狀代替以暴力回應衝突，情緒管理能力有所提升呢！

安吉遊戲與滿竹天地
——自然學校搭棚工作坊的啟示

白駒（謝家駒）

　　首先要介紹一下「安吉遊戲」及「滿竹天地」，然後才可以理解為何會在自然學校舉辦「搭棚工作坊」。

安吉遊戲

　　大家不一定聽過「安吉遊戲」。

　　它是二十多年前，由浙江省安吉縣幼兒教育工作者開創出來的一種幼兒教育方法。

　　特別之處，是在三年的幼稚園課程中，不教生字、數學、外語等傳統學科，只是每天讓學童在學校裏玩耍，簡直有點匪夷所思！不過，教育效果卻是異常顯著，學童們不只玩得開心，而且在過程中學到很多東西，對他們日後的學習和整體身心發展有莫大裨益。「安吉遊戲」在內地已成為了舉國推崇的幼

稚園課程，亦吸引到世界各地教育工作者、專家、學者的注意及重視，認為是一個可以適用於不同國家及文化的幼兒教育改革方向。

「世界經濟論壇」（World Economic Forum）在 2020 年出版了一本專書，題為《未來的學校》（Schools of the Future），專題介紹了世界上十六間學校，認為是代表未來學校的發展趨勢，安吉幼稚園便是其中一間。

滿竹天地

「滿竹天地」英文是 Bamboo Playground，是指在校園內用竹搭建出來供學生玩樂的設施，這是由「滿竹跨世代」（Bamboo Generations）三年前開創出來的。

在機緣巧合下，本人在七十二歲那年自學，成功掌握了搭棚的基本技巧。我於是大膽地開班，與朋友分享，學員只有六個人（自然學校校董之一草原便是其中一位），出乎意料之外！竟然真的可以傳授這個技術，讓其他人在半天時間內便能掌握到搭棚的基本技巧。於是我繼續開班，仍是免費，慢慢地，我們的搭棚工作坊愈辦愈多，而且可以收費，亦開始有學校、公司、NGO 等邀請我們辦工作坊。最初，我是唯一的導師，很快我們要辦導師訓練班，培養更多的導師，稱之為「認證滿竹工藝導師」，至今已有超過五十多人取得認證資格。

在學校舉行的搭棚工作坊，我們是讓學生、老師、家長一起參與，由他們群策群力，在認證導師的指導下，去設計及搭建給同學們享用的遊樂設施。在自然學校入口處的一系列竹設施，包括：樹屋，便是他們的傑作。由於這些設施是同學、老

師及家長參與設計及搭建的，他們也可以負責保養及維修，甚至日後加建或改建，增強他們的擁有感及成功感。

自然學校搭棚工作坊的啟示

我們難得在兩年間先後為自然學校舉行了兩次的搭棚工作坊。最近的一次是 2022 年 10 月，在這期間，我們總結：

搭棚五義

一、傳統工藝，手到拿來——搭棚這中華傳統工藝，值得我們傳承及發揚光大。難得之處是其最關鍵之技巧，可以很容易教會及掌握，基本上五分鐘便可，稱之手到拿來也不為過。

二、環保物料，扭轉消費——竹是世界上最環保的物料，氣候危機逼在眉睫，大眾對可持續發展的理解及關注也日漸提高。我們以竹為切入點，鼓勵大家重新看待消費。首先盡可能減少消費，即使要消費，也要選擇具高度持續性的物料，竹製產品便是一個例子。

三、發揮創意，重拾童心——學曉了搭棚技巧，不是要去搭建築用的棚，但可以盡情發揮創意，搭很多有用的東西，包括：花架、書架、鞋架、耕種用的棚架、竹床、竹椅、竹桌、樹上竹屋、竹筏、竹茅廬，以至竹燈、竹聖誕樹等，只要有創意，可能性便無可限制。更難得的，是讓所有參加者都有重拾童心的感覺，甚麼年紀都如此。

四、團隊精神，自發領導——搭棚工作坊中任何成果，都是集體創作出來的。參加者必須通過團隊合作，群策群力，才可以互相支持，互相學習。同時，既然有小組活動，就需要有領導者的出現，所以這個工作坊是領導訓練的搖籃。我們無須

刻意推選或委派組長，就讓參加者自發領導，在過程中摸索體
會。

　　五、長幼共融，相得益彰——差不多每一個搭棚工作坊，
都是數代同堂的，可以説是長幼共融於無形。我們的認證導師
甚麼年紀都有，但最活躍的是比較年長的退休人士，可以在不
同時段擔任工作坊的導師。他們很樂意及享受與不同年紀的參
與者切磋，年輕的參加者也很欣賞家庭以外的長者之熱心、關
心，以及循循善誘。

結語

　　我們希望自然學校的經驗能夠輻射到其他學校，讓「安吉遊
戲」及「滿竹天地」的精神及經驗促進家長及教育工作者的反思，
給予不同年紀的學童多些自主玩耍及發揮創意的空間。

自校事務選文

共治文化的演化

海星（葉頌昇）

2007 年 6 月，自校創校工作團隊討論日後辦學的主要管理模式：共治文化。那年，我們對實行平權的管理方式充滿理想，雖然仍未有實踐經驗，日後仍需討論、確認及實踐，但如今創校十五年，值得回顧當時的想法，現簡述如下：

一、所有人的聲音及意見都必須尊重。

二、不分職位，實踐平等權利、互相尊重；深化討論文化，激發思考及同感心。

三、議案盡可能全體通過；若有意見分歧，慎重討論後，以多數票制決定；若獲得通過，則反對者也得遵從。

四、集體負責制：團隊成員承擔議案通過後的後果，即反對者亦如是。

另一共治文化的重點便是校長選舉制度。校長是由教職員團隊選出來，再由校董會確認。自校嘗試採用共議的方式，來決定大大小小的議題，校長在教職員團隊的角色是帶領討論，平衡不同意見。相信當教職員有一定的年資、教學和行政經驗後，也能勝任自校校長一職。

共治文化實踐多年了，雖然能獲得教職員支持，但也不是

完美的，會出現效率緩慢的情況，因為決策過程重視各方的意見，需要逐一聆聽。充分的討論並不保證能化解所有紛爭，有時太多的理性討論，反而帶來更多的不滿，特別是當各持己見、不願讓步時，無論做何種決定，都會有人不滿。大家明白衝突是必然出現的，因為每個人的價值觀都不同，自然會有相異的想法。衝突並不可怕，困難是在於如何面對衝突，由承認大家想法不同開始，繼而彼此嘗試求同存異，以殊途同歸終結。

後來，我們把「非暴力溝通」的原則應用在學校會議上，努力平衡效率和共議文化所需較多的時間。聆聽別人心底話是化解衝突的第一步，所以當出現意見分歧時，大家可以堅持己見，但也要聆聽別人不同的想法，理解對方的需要，這樣的討論才不會流於理性的爭辯，也能照顧到感性上的需要。

共治文化建立在穩定的工作團隊上，但教師團隊因為各種原因，並不是非常穩定，很多新老師來了沒多久，便會離職。另外隨着學生人數增加，需要聘任新的教職員，他們要花不少時間來理解自校理念及教學方式，所以到開會共同決策時，他們往往都難以做決定，不太敢表達意見。

在共治文化裏，包容、聆聽、理解及穩定的教師團隊都非常重要，但合理的分工及分層管理也不可忽視。現在，自校在行政系統加入了「中層管理」，設立了「行政」、「生活教育」及「課程」三個小組的組長，由較資深的教師出任。讓所有教師分別加入不同小組，慢慢學習自校的辦學理念及工作文化，這對深化共治文化是有效的。

自校是一所小型的理念學校，要建立共治文化，去確保辦學理念得以延續，只是挑戰亦多。累積多年的經驗，建立教

職員的向心力、協作能力、聆聽能力、包容的能力、行政能力
等，都是我們未來努力的方向。

葉頌昇

鄉師自然學校創校老師（2007）及校長（2010-2014，2016 至今）
自然教育有限公司顧問

自校教職員培訓
——人的成長以至和而不同的團隊

白鷺（蔡珊茹）

　　剛過去的復活節假期，我們進行了一次兩日一夜的教職員「回歸自然音樂療癒身心放鬆營」，地點在粉嶺南涌的蘊貞精舍。由 2020 年到 2023 持續了三年的新冠肺炎疫情，期間不斷轉變的防疫措施如：停課、復課、疫苗注射、檢測和社交距離限制等，令教育人員疲於奔命。

　　我設計這次教師培訓的目的，就是要讓教職員團隊遠離都市，在一處被大自然抱圍的環境，一起煮食、一同活動，共同生活兩天。透過音樂（薩滿鼓、單弦琴）連結自己，然後進入內心深處深度放鬆。

　　同事到達精舍，馬上被那裏簡樸而優雅的環境吸引，他們覺得就像去了台灣的民宿，十分雀躍，笑聲響遍精舍。場地負責人 Kawa 打趣說：「白鷺就像一位小學老師帶着一班學生去旅行，每個人都很有趣獨特。」我也樂於看見大家不用顧慮甚麼，可以自然自在地做自己。

　　那晚凌晨，同事靜脈去完廁所後，落樓梯不慎滑跌了兩級，尾椎受震盪，疼痛難耐。翌日，吃過早餐後，海獅帶領我

們立即為她做手療和唱誦，整個空間充滿愛的流動。Kawa 被我們的氛圍感動，主動為我們做音樂治療。我有感於團隊近日也有同事身心疲憊，同樣需要被關顧，便提議凡想治療的都可以參加。結果，有近一半人躺下，其他同事伸出雙手按在同事肩膀上，有些更雙手一邊一個，場面感人。

這個畫面反映了自然學校團隊的其中一個特色：關懷和重視人的需要和成長。

我們的教職員培訓分為四大類：個人心靈成長、教育理念探索、教學與課程和團隊建立凝聚支援。

個人心靈成長

我們深信老師心靈健康對學生的成長至為重要。多年前我參加一行禪師的禪修營，買了一張他寫的書法 "Happy teacher will change the world" 掛在學校圖書館門上，提醒自己。

由 2013 年開始，我們一共邀請了三個不同的團體，為我們團隊舉辦「薩提爾成長模式（Satir Model）個人成長工作坊」，分別由青草地全人發展中心、台灣張瑤華老師（2019 年）和香港沙維雅人文發展中心（2020 年）負責，效果顯著。有些老師甚至自行參加他們舉辦的其他工作坊，繼續面對各種內心的問題，如覺知、覺醒、接納、感恩、轉化情緒，以期療癒成長的創傷，從而提升自我價值感。

我們於 2018 年也引入「非暴力溝通（NVC）」（Nonviolent Communication），作為學校團隊之間、師生之間、親子之間和班級運作的溝通方式。

此外，我們也邀請不同界別的專業人士，為我們主持音樂治療、focusing（生命自覺）和藝術治療等工作坊。

教育理念探索

自然學校是香港唯一一所以自然、人本、自主的學校。創校初期，我們不定期舉辦「理念創思營」，希望集思廣益，幫助自校的發展。十五周年時，我們更籌辦了一次「校董教師舊家長聯合發展日」，回顧發展的經驗和大膽展望將來。

持續反思創校理念、檢視實踐經驗和探索其他另類教育的模式對我們來說十分重要。

創校之前，我們兩次到台灣跟當地體制外的學校交流取經：「尋夢之旅」（2001）及「摘星之旅」（2005），我們探訪過森林小學、福智基金會、種籽學苑、西寶國小、鹽寮淨土和雅歌文教基金會。創校之後，「見中之旅」（2009），我們參訪深坑國小、自主學習團、全人中學和種籽學苑。「喜承之旅」（2013），我們到顧問李崇建先生的千樹成林寫作室，再訪種籽學苑，更參加了獵人學校三日兩夜森林的獵人體驗活動。除了與香港的華德福學校交流外，2014 年我們團隊更到深圳梧桐山探訪當地私塾和華德福學校。

創校十五年，人事幾番新，我們原定 2023 年復活節帶領團隊再次到台灣交流，除了打算向前人取經，也希望分享累積的經驗。可惜疫情限制，通關政策未放寬，唯有暫時擱置，留待日後合適時機。

教學與課程

教師培訓也包括一些實用性的課程，例如：野美居的素食體驗、綠野林食生體驗、土丘的木工工作坊、毅行教室的山行訓練、紅十字會的野外急救班、香港家庭計劃指導會的性教育

工作坊、奧栢學校的自閉症譜系講座、成長型思維工作坊。

團隊建立凝聚支援

對於小型的學校來說，團隊的每一位成員，無論是教師或職工，都是學校重要的資源。我們以開放、包容和接納的態度對待每一位同事。每年開學前，我們必定會舉辦教職員宿營 / 露營或簡樸生活營、讓同事透過大量的共同生活經驗，加深彼此的認識，增進感情，共修綠色、簡樸、樂活的生活。

由 2019 年開始，我們把全校教職員分為三人一組，每月一次聚會，按特定主題分享，連結凝聚，達致互相支援的目的。

校務處外掛了一幅「天地人和」的牌匾，我感到自校現時的團隊能做到和而不同，即使開會的時候，我們各有堅持，我們也可以包容彼此的情緒和想法。這都有賴我們以上四大項的教職員培訓，由內而外，環環相扣。

我為自己能參與創做一個充滿活力、歡樂寬容、創意無限和承載力強的團隊感到幸運和幸福。

蔡珊茹
鄉師自然學校創校老師（2007）及英文、普通話老師、圖書館主任（2007 至 2023）

同心同行
——自然學校家長教育

白鷺（蔡珊茹）　海洋（賴天慧）

白鷺篇

曾任兩屆家教同盟主席（2015-2017）兼現任校董的水泉說：「我們交一份學費，全家得益，真值得！」自然學校收生的準則只有兩項：

一、家長認同自然學校的辦學理念。

二、家長願意與本校合作，並成為學習社群的一員，支持孩子的發展。每位家長於填寫報名表時，必須簽下一份「家長約章」，答應在教養孩子的理念和實踐上跟學校同行。

翻查資料，2007 年創校那年，自校舉辦第一個家長工作坊就是「家長簡樸生活營」，學習回歸自然喜樂的簡樸生活，主持人是我們稱為「區大哥」的創校校董簡樸生活大師區紀復先生，可見我們非常重視自校其中一個核心價值：自然。

由 2010 年開始，有系統地每年舉辦一系列的收費家長工作坊；其後，除了自校學生的家長外，更公開歡迎將來有興趣讓子女入學的家長或外界人士報讀。為了達致家校同心同行的目

標，首屆家教會幹事為家長工作坊設計了一個新穎的名字：「家長學堂」。

「家長學堂」分為：

一、親子溝通教養系列

二、簡樸生活和「情意自然」體驗營系列

三、家長自我認識及身心成長系列

四、綠色健康生活系列

曾舉辦工作坊如下：

一、親子溝通教養系列

（1）與孩子立界線與自主學習的關係

（2）電子傳媒及網絡世界對孩子成長的影響面面觀

（3）從依附理論（Attachment Theory）看家庭中的情感關係

（4）從「家庭系統排列」理論看甚麼是家庭

（5）養出有力量的孩子

（6）如何與孩子展開對話

（7）量子物理的妙用——教養孩子的必勝法

（8）「非暴力溝通」（Non-Violent Communication）x「正念」（Parenting from Our Heart）親子溝通課程

（9）愛的真諦工作坊

二、簡樸生活和「情意自然」體驗營系列

（1）簡樸生活體驗營日

（2）「情意自然」體驗活動日

三、家長自我認識及身心成長系列

（1）「沙維亞家族系統排列」（Satir Model）（從家族成員中了解自己）

（2）如何管理自己情緒？從靜心開始……

（3）親子關係的愛與恨

（4）「和好：正念」（Mindfulness）練習

（5）認識情緒及「正念呼吸」（Mindfulness）練習

四、綠色健康生活系列

（1）天然花藥肥皂製作工作坊

（2）生機素食工作坊

（3）自力整體法（健康三十式）

（4）自然醫學與身心及家庭的療癒

（5）生機飲食廚藝工作坊

　　此外，由 2017 年度開始的新學年家長日，增加了一個半小時的「家長萬花筒」，讓家長體驗迷你版的家長工作坊。有家長曾感慨對我說：「當自校的家長真不容易！」我回答：「能當上自校的家長真不簡單！」我們認為家長不應有消費者的心態，以為交了學費，就可硬把教育和教養的責任交給學校。我們希望透過家長工作坊令家長負起教養的職責，和學生同步成長。家校緊密溝通合作，成為自校重要的傳統！

海洋篇

　　自校開校初期（2007-2010），校方邀請家長自由參加校內義工項目，如：整理圖書館及借還書服務、午膳協助、校舍大清潔等。當時未有家教會組織，家長之間已互相支援共學，事項如：《自主學習理念六講》讀書會（家長虫虫義務統籌）、宗教靈修家長番薯和一粒星統籌、共購健康食品（家長自然、茶

花籽、白雲統籌）和接送同學返學、放學（自校沒有校車提供）等；當時在校家長先後選出兩位「家長班長」：兩粒星和自然，負責家長事情的協調及聯絡。

自校曾辦「茶聊」的家校活動，校方代表和家長們聚在自校討論學校事情，如：學生在校相處、學生學習及活動、老師教學等；自校也開放校園，讓家長留校，觀察及理解子女的校內生活。因校內的各式事情，而凝聚了一群家長。

2012 年開始，校方預備好和家長加緊合作，創校校長一葉（天鳥、知秋）、校方幹事蘑菇和幾位家長籌組家教會組織[1]，後來擬訂家教會名為「家長教師同盟」，用「同盟」意指家庭（教育）和學校（教育）結伴同行，陪伴及引領子女學生成為自然、自信、身心健康的一代。

2013 年 6 月經過全校家長、教職員投票，超過八成票數支持「家長教師同盟」（簡稱：同盟）成立及幹事候選團當選成為首屆幹事會[2]。2013 年至 2023 年共有七屆幹事會[3]，「同盟」和其他學校的家教會不同之處在於成立組織的意義，組織會章宗旨的首項內容說明這點：「促進會員個人成長，成為健康及覺醒的人，達致身體、心靈健康，期望藉此支援及增進會員與孩子的關係，讓彼此一起學習成為愛己、愛人、愛自然的世界公民。」

1　籌組家教會成員：教職員：一葉（天鳥、知秋）、蘑菇，家長：蒜頭、彩虹、細胞、猴子、海洋。2012 年商討家教會組織的宗旨，草擬會章。

2　首屆幹事會：海洋、知秋（天鳥）、水泉、松鼠、雪山、如日、森林、蘑菇、荔枝、栗子、猴子、刺蝟

3　七屆幹事會成員名單列在本書附錄。

各屆幹事會除了續辦上述提及過的家長義工服務外，還完成以下事項：

一、參與建設校園：翻新廁所（2016）、建造操場沙池（2019）、校園園藝及種植等。

二、辦家長活動：

（1）校內活動：「自校公園」（假日開放校園給自校家庭及親友到訪）、二手物品交換、畢業生家長分享子女升中經驗、「非暴力溝通」（Nonviolent Communication, NVC）家長共修小組、手作天然肥皂工作坊、開心自然水墨畫家長和教職員班（由荷花老師悉心教導）等。

（2）戶外活動：行山、騎單車、游水、BBQ、露營、宿營、獨木舟營等。

三、協助校方辦公開活動：開放日、籌款活動等。

自校校舍環境自然、簡樸，校內氣氛開放、自由，事情多元、豐富，家長間或者是自校教職員和家長之間，彼此互動、合作的事情比較多，家長較容易有深刻感受，無論是哭是笑的經歷，如果彼此體察其中深意，藉此開闊自己對生活、對生命的價值觀，或許會使個人以至家庭有所成長。

祝福所有孩子、家長和教職員健康、快樂，常在愛內！

謝謝你，對不起，請原諒，我愛你。

蔡珊茹

鄉師自然學校創校老師（2007）及英文、普通話老師、圖書館主任（2007 至 2023）

鄉師自然學校（家教會）家長教師同盟第四屆至第六屆副主席（2016-2022）

賴天慧

自然教育有限公司董事會主席（2021-2024）

鄉師自然學校家教會「家長教師同盟」創會主席（2013-2015）

鄉師自然學校家長（子女／就讀年：螳螂／2010-2016）

未圓之夢　自然中學

天鳥（劉永佳）

　　追憶與翻閱，怦然心動，使我回到這十年間許多籌建中學的夢幻時刻，有「冬夜圍爐夜話」、無數次熱切會談、山頂元旦觀日許願、師資班授課教學的火花、「吾讀中學」與青年的互動、很多為教育奔赴的情意與友誼、一張張難以忘懷的面龐、一句句溢於言表的心聲。下面我以順時方式，跟大家分享這個中學夢的緣起與發展。

　　結果未知，故名未圓之夢。

無夢

　　常有人問：自校最初就有辦中學的計劃嗎？老實說：沒有。

　　回想 1996 年發願辦學，那時自然協會八位創始成員，有五位小學老師，一位中學老師，大家單純而豪情地發夢，十年後創立一間實體的「綠色小學」。及後 2001 年辦暑期班「螢火蟲學苑」，成立正式的小學籌備組，對於沒有辦學經驗和雄厚背景的我們，開辦小學已經是一項非常挑戰，遑論中學。事實上，當

年籌辦中學的成員全是小學教師，缺乏熟悉中學課程與教學的人才，所以也沒多想。

徇眾

沒有自然中學，自校畢業生的升學銜接怎辦？

小學是基礎教育，我們深信在自校浸沉學習及生活六年的學生，便已具備升讀中學的基本態度和能力，有此信心，我們覺得銜接不是問題。

改變初心，立案研討，聚全校之力去做的這個決定，為何？

因為民意，來自家長與學生的多番訴求，尤其是創校時已安排子女由初小讀起的幾位家長：蟲蟲、蒜頭和赤柱。他們認為子女的成長在小學的基礎培養固然重要，中學時代的價值形成、朋輩影響和志向的初定，更為關鍵，如果只有小學，對孩子的栽培支持，只走到半途，未免可惜。聽這樣的分析倒不是想辦中學的主因，反而是看到快要畢業的孩子一臉愁苦的對你說：「一葉，我們不想畢業離開自校，我們有自然中學可上嗎？」這給我們情感的推力更巨大、更實在。就這樣，在七分感性、三分理性的催動下，自校要開新篇了。

議決

都說辦中學比小學要困難幾倍，校舍要較大、設施較多、老師專業度要求更高、整體開支會更大云云。除了聽從民意，自校為此召開過多次的全體教職員大會。那是 2010 年間的事，會議前提是辦中學有真需求，而來自熟悉的家長和學生誠意的

提請，是立案的首要基礎。接着討論焦點是老師迎難的意願，當時表態支持的老師有旭芬、小雨和我，我們都願意加入中學籌備工作，甚至將來擔任中學老師。第三是研討實質和技術性的問題，如校舍設施、課程、師資、法規、申請等事。經歷過小學的創立，我們深信：If there is a will, there is a way.

因此當意願具足，有合適的人力投入，技術問題就只是後面一步步解決的「小事」了。就這樣，2010 年，經校董會通過，開辦中學拍板了！

實驗

自校成功創建的基礎是 2001 年起持續辦「螢火蟲學苑」實驗課程的經驗：一為凝聚人才，培養合作默契；二為實驗理想課程的教與學，摸索可行又有效的教育方式；三是累積支持者，包括學生、家長與義工。因此，決定開中學部後，我們馬上組成工作組，第一項計劃就是在 2011 年暑假首辦實驗課程，工作組班底有一葉、旭芬、赤柱、海嵐、蒜頭和曉蕾等，組員當時一同為課程起了「吾讀中學」這名稱，取「唔」之諧音以表達容納否定，尊重每個「我」的雙重意思。還請到資深中學老師暨書法家滄海老師（老權波先生）以行草題「吾讀中學」。第一屆的課程共八天，內容豐富多元，包括「自然體驗」、「造紙皮樓」、「聽校董雄仔講故事」、「原野生活營」、「訪問中學校長」，下午特設開闊的選修體驗，稱為「偶然遇上的熱情」，有三個不同的體驗活動供選。首屆課程旨在邀約同學大膽構想屬於青少年的理想中學。學生 18 人，多數是自校剛畢業及快畢業的學生。總體來說，第一屆的經驗是美好而成功的，工作組、導師

與學生都享受「吾讀中學」，大多數都表示會參加下一屆課程，最難忘的是自校第一屆畢業生海豚在課程後主動報名做籌備中學的工作，那年他是中二學生。第三屆，2013 年「吾讀中學」主題定為「這個夏天，四海為家」，七天的課程，有三天在大澳過以大海為家的漁民生活。13 個學生參加了。

　　第三屆及以後的「吾讀中學」，正式納入為師資班的實習訓練，讓更多的生力軍投入中學的教學實驗，人與課程的交織邁向成熟。

籌款

　　搞中學，增加人手，也就要增加收入，籌款是個好方法。2013 年適逢自校創辦團體自然協會 20 周年紀念，知秋發起並組織「情意廿趣行」，以 20 日 19 夜的山行慶賀自然協會的誕生，也為籌建自然中學籌款，目標 50 萬，由西貢黃石碼頭起步，翻山越嶺，野營為家，於梅窩銀礦灣結束。設計故意由 2013 年 12 月 13 日開始，橫跨 2014 年，1 月 1 日清晨在大東山觀日祈願，然後下山走抵終點，取其繼往開來，迎向新年，自然祝禱之意。好記得，「情意廿趣行」幾十人大隊在大東山安營紮寨，旭日東昇，大夥向着遠方的海面，默默為自然中學送上祝福，那畫面太動人了！結果呢，在黃石碼頭的籌款啟動儀式裏，主禮嘉賓施永青先生許諾負責籌款目標的尾數，為未達的數字包底。感恩自然協會全人和施先生，一直支持着自校的發展，包括籌劃中的自然中學。除了以上大筆的籌款，我不能忘記有個二年級生，拿 20 元紙幣，走進校務處，說這是他的「利是」錢，他要捐給自然中學；還有前校董區紀復知道我們要籌

款，馬上贊助我們第一筆不少的善款；還有組織《看見台灣》的籌款觀影會；滄海老師 2014 年為自校老師及家長開國學班，所得學費全數贊助籌建自然中學。所謂籌款，金錢的支持如流水，眾人的情誼與意義卻比金堅，足以紀念一生，催發動力。

師訓

　　隨實驗課程與籌款而來的是師資班的推行。2013 年冬我們請到太極（周昭和）加入師資班的設計和執行，他曾是中學老師及副校長，對中學課程熟悉，也曾是中文大學老師，支持自校理念，是理想人選。師資班定名「師法自然」班，應合自校以自然為師的理念，第一屆在 2014 年 4 月開班，學員 7 月在「吾讀中學」實習，然後結業。第一屆反應超乎理想，有 40 多人報讀。其後幾屆人數都達 20 人之數，培養出不少後來投身自校的人才，如：夏蟬、貓、鼬獾、阿水、鼻涕蟲、山川等，可以說是繼「大地行者」班之後，自校第二個主要的師資培訓班。

試行

　　「試行」指在自校內為畢業生開辦的小學延伸課程，我們稱之為 6B 班，屬長期的中學實驗課程，一是應畢業生的學習需求，再者也是我們辦中學必須的試煉準備。

　　2015/16 年是第一屆，阿水當班主任，還有夢、鼬獾、蘋果等老師任教，領着三位自校畢業生，開始一場另類的中學體驗。那年主題是「芬蘭交流」，師生在 2016 年暑假遊學芬蘭，順道參加當地舉辦的「國際民主教育會議」。翌年因為學生相繼退學，阿水亦隨丈夫移居歐洲，試行課程暫告一段落。

覓地

　　香港土地罕貴，適合做自然中學的校舍難求。中學籌備組（下稱中籌組）曾想過在屯門校舍進行改造與加建，還請來建築設計團隊到校勘察、教學、辦工作坊，希望在小山崗上實現中小幼一條龍的構想。然而自校現在校舍，不符合現時中學的消防與實驗室等的基本要求，好夢難圓。為此，中籌組尋找其他可用的校舍，先後考察過梅窩南約中學、沙田馬松深中學、深水埗瑪利亞書院、東灣莫羅瑞華學校、長洲明愛郊野學園、元朗柏裘書院、東涌明德書院、元朗達德學校等，無論是在營運的或空置的校舍，我們都不辭勞苦，不怕隔涉，期望找到可供申請恢復使用的校舍，或可分享使用的教室。在現行制度下，校舍的業權一是歸屬地政處（需政策開放，容許公平申請，棄置校舍才可復用）；一是辦學團體所有，要雙方理念相容，又互相信任才能合作，可真不易！另一方面，幾年間我們約見過蔡香生和戴希立校長、程介明先生、教育局蔡若蓮局長和施俊輝副局長等，虛心向他們請教，提出辦中學的要求，希望當局在校舍資源方面給予協助。即使迄今未有驚喜消息，但支持我們的力量確在凝聚強化。

再行

　　好事多磨，籌建中學未成，還幸小學部教師團隊日漸穩定，2022/23 年醞釀重辦中學實驗課程，由海龜老師統籌和主教，海星做顧問及支援，學生只有一位，那是太陽鳥。實驗課程稱「竹夢學苑」，在前國芳園建設起一個戶外教室，召喚幾十名義工，搬石仔和竹材上山崗建教室，本身就是一項意志的

動員。我見證這實驗課程的成果：太陽鳥在畢業禮做了 15 分鐘的學習歷程報告，一個中二年紀的女生，為自己創建了學習環境；苦練小結他，四出街頭賣唱，籌錢去台灣遊學。因此認識到台灣另類教育的實況，增加了人生閱歷，自身成熟成長很多，難怪一位畢業禮嘉賓跟我說：「太陽鳥上的是大學碩士班或以上的課程來的。」看着這個復燃的試行課程，我知道只要火苗不熄滅，薪火仍能接下去，希望在明天！

" Dream Big "

2023 年春，自然教育有限公司主席海洋、校董清水、野鴿和我在九龍公園的大榕樹下約見了企業顧問刁俊源先生，我們跟他講述辦中學的夢想與困難，他的回應發人深省，一世難忘。他說：「不要盯着那些問題和困難，要想大些，想遠些，想想我們的終極目標是甚麼？只是中學？大學呢？整個社區？」對，應對困難會消耗意志，敢於創想才可以開闢天地。他提出 " Dream Big " 和 " Dream-driven " 這觀念是當頭棒喝。那天下午，我們想到要聯繫海外開放博雅的大學，談夥伴合作，取錄自然中學的畢業生，簽訂合作協議。有了升讀大學的保障，就能安家長與學生的心，中學的計劃書有明亮的未來銜接，更能獲得支持與贊助。正是一子活，全盤皆活。其後，在自校畢業禮上，我正式邀請刁先生加入籌建中學的「望星組」(寓意：仰望星空，帶着美好的期盼)，他一口答應，十分鼓舞。

這個未圓之夢不滅，尚待時間來見證它的真實不虛。

邀你一起參與，共同創造，好嗎？

總結

以 TARGET 模式
分析自校學生的學習動機

草原（黃顯華）

Epstein（1989）最先以課業（Task）、權責（Authority）、認可（Recognition）、組合（Grouping）、評估（Evaluation）及時間（Time）六個元素整理有關兒童學習內在動機發展的研究。其後 Ames（1990）根據這六個元素，透過操控課堂教學的過程，藉以鼓勵學生在學習活動時關注學習本身，而不是自己在社群中的表現的名次。Brophy（1998）指出，TARGET 應視為能促進學習動機，並能適應不同學習環境而具彈性的架構。[1]

本文是以上述六個元素分析自校生、家長、教師和支持自校社會人士對自校學生學習的表述。結果顯示：他們都能在教學過程和學校氣氛兩方面幫助學生發展出內在的學習動機，特別前兩個元素的效果最為顯著。

1　作者曾應用這個架構發展和研究香港處理個別差異的問題，在台灣和上海分別出版了《一個都不能少：個別差異的處理》一書，以學習動機和模式去處理這個問題。

一、課業（Task）

　　課業元素包括學習活動、習作及家課的設計。設計的目的在於提高學生參與學習活動的興趣、投入程度及參與的質素（Epstein, 1988）。

　　成就價值來自感到自己具備能力，而課業應有趣，具新鮮感、挑戰性及對個人是有意義的。

自校支持者

　　小青蛙（施永青）：現時，一般學校只曉得教「人書」，不重視教「天書」，這不是學習知識的好方法。自然學校在這方面作了不少補救。它讓學生透過生活實踐去接觸自然與社會，讓學生有機會讀「天書」。在自然學校，學生的學習是自發的。學生覺得甚麼有趣，甚麼有用，都可以自主地去學；他們的學習目的，不是為了考取高分向師長有所交代，而是要掌握更多的可以為人類所用的知識。這樣，學生就會在好奇心的驅使下，填補自己知識系統中的不足，並逐步發展出一套與宇宙一體的知識體系。

自校校友

　　大獵豹：最開心的事情可能是在六年級時和同學們、兩個老師一起去台灣。這好像是個九日的行程，我們一起騎單車和去參觀原住民的地方。可以和一班熟悉的人去一個不熟悉的地方令我們十分興奮。

　　腔棘魚：我的畢業專題功課是去台灣看飼養螞蟻，研究螞蟻，現在記憶還很深刻！我一直對螞蟻感興趣，對其他動物也如此，希望了解一下大自然是怎樣運作的。

貓頭鷹：自校讓我覺得人生最重要是「經歷」，每個經歷都可以造就一個改變，甚至改變整個人生的軌跡。

　　大樹：開心的地方是自校比較靈活，能多點接近大自然。在大自然學習令人不會沉悶，讀書時有趣一點。在這裏對學習的想法有翻天覆地的轉變，「玩」不代表學不到知識。在這個校園裏，學到生活上的東西比書本上的更多。

家長

　　牛牛：我欣賞自校對大自然的那份尊重。有次小雨老師帶學生外出活動，大家看到山邊有一隻動物的屍體，同學們問為甚麼牠會死、牠死後會如何。小雨便和同學談論大自然和人類的生死規律，也談論尊重生物等。他們最後進行悼念儀式，把牠埋葬。我覺得這些教育對小朋友是重要的。

　　信天翁：恐龍入讀自校幾年內，我覺得最開心是看到他改變成喜歡上學，甚至在放假時仍問哪日再上學呢！在自校，他學會接納、體諒一些比較不同的同學，由中學至今，他仍保持這種態度。

　　白蘭花：小雛菊在自校六年裏有大量的戶外活動，培養出她一些很好的特質，如：勇於嘗試、堅毅、比較謙卑和懂得感恩。

二、權責（Authority）

　　Ames（1992）認為權責元素包括讓學生有機會擔當領導角色，發展學生對學習的控制感及獨立感，目的在於促進學生主動參與學習及對學習活動的擁有感。

自校校友

大獵豹：選擇「畫畫」作為我的畢業專題，這功課給我很深刻的記憶，因為這次是我可以自己選擇喜歡做的、想表達的事，所以必須盡力做好我人生中第一個 project！

我覺得在自校首先學習到的是「自己會去思考」。記得有一個 project，班導師提出做「茶藝」。我們兩個同學一組自己去設計及工作，在中學時就沒有那麼多空間給我發揮。

蜈蚣：我覺得最大得着是「主動性」，上課時老師讓你發問，可以不停問，不停試，更會去圖書館主動找書看。在主流小學就是坐着、聽着講課，返回家做功課，一段日子後便考試。自校就有很多學習自由和空間。

大樹：譬如上數學課，氣氛輕鬆，讓你覺得學習是一件自主的事情，老師教完要做功課，做完就可以下課，早點做完就可以早點離開課室，覺得這樣是老師給你選擇，自己可以去衡量如何均衡玩耍、生活作息和學習。

銀柳：在讀自校初期，我常常「走堂」去「捉蟲」，用一小時觀察一隻昆蟲，⋯⋯過了大約一個月，漸漸和老師磨合，便願意捧着那桶昆蟲入課室，放在自己的腳旁邊。

家長

水泉：在自校，學習到對學生最重要的是可以有自己的節奏去成長，在成長中，自己內在會有情緒衝突，自校允許他們有這些情緒及循自己性格的方向去成長，無需要太早去改變其模式，讓他們有空間保持自我。

牛牛：眼鏡蛇曾在自校沒有入課室一個月，只是待在自校圖書館。我們向老師提出能否接受他完成功課後，在課室後面

安靜地做自己的事情，最後老師答允了。他在自校感到開心，也感到老師給予他空間，並信任他。我是感恩兒子有這段自校的學習經歷呢！當時小雨老師常提及來自校的插班生會有「排毒期」，兒子的排毒期算短，自校容許他留在圖書館一個月，就像給予他一個心靈療癒空間，撫平了他在前小學受到冤屈下的凌亂思緒。老師也給予適切支持，引導他返回課室上課，因此後來他提及在自校那一年半裏都是開心事。

兩粒星：當兒子升中後，讓我感到自校和主流學校的最大分別是：在自校訓練下，兒子很清楚自己喜歡和討厭甚麼，也能夠為自己做選擇，但接受主流教育的學生則往往沒有主意、主見，只知跟隨大部分人的決定。

老師／校長

海星：畢業專題的自主性很強，選題大都是學生喜愛研習的事物，所以大部分學生都很認真。發展到後來，畢業專題的題目都是由學生自己擬訂，再找心目中合適的導師協助。

畢業專題引發學生自主學習的動力及能力，發掘內在的潛能。曾有兩位學生主動請老師協助他們到台灣騎單車，其中一人在分享會上表示，完成這個專題，對自己的能力有更多認識，自信心增強不少，也學會感恩，感謝協助他的人。

三、認可（Recognition）

評價學生的正面能力（如讚揚學生能夠清楚介紹故事的主要情節）能增加學生的自我效能（self-efficacy），從而能維持及促進學生對該行為的內在動機（Rosenfield, Folger & Adelman, 1980）。

評價時是讚揚學生的努力而不是聰明。

嘉智中學黃金鳳老師：自校學生與傳統學生最大的分別是後者在挫敗中成長，從小習慣被老師批評，因而覺得自己不可愛，帶着負面情緒成長。但前者的成長很愉快，師生像家人，有安全感，這是令他們願意聽老師說話的重要因素。

自校校友

蜈蚣：在自校，一是學懂結交朋友，二是老師讓我們去嘗試，不會因我們「失敗」就責罵你，不會只看分數，可以說，自校上堂的氣氛直接塑造了我的性格，在這兩方面令我在中學有好的表現。

家長

泥土：理解到自校教育學生的方法是：先讓孩子表現自我，讓老師真正了解學生，而老師的保護方法並不是擁抱孩子不放，而是在他背後，保持距離，先讓孩子嘗試。

四、組合（Grouping）

組合元素關注學生能否有效地與其他人一起工作的能力，目的在於建立一個能接納個別差異的教學環境，使所有學生產生歸屬感，從而確保能力上的差異不會演化為動力上的差異（Ames, 1992）。

自校校友

海馬：覺得自校師生是一體，我們不同年級的同學有很多機會接觸和互相認識，像個大家庭。

家長

流水：我覺得最吸引兒子應該是「一家人」這種感覺，自校同學、老師和家長在這個氛圍環境下，像是一家人，他上學就像是回去另一個家。

五、評估（Evaluation）

評估對學習動機的影響最為顯著。獲得描述性評估並提供改善建議的學生能維持對學習的高度興趣；只獲等第沒有評語的學生，學習興趣及表現都下降。

Ames（1984）指出，強加的社群比較（social comparison）是學生判斷自己、別人及課業最具影響力的因素。研究顯示，評估會提升還是降低內在動機端視評估標準而定。強調與同儕比較的評估會降低內在動機，強調達成預定目標的評估則反而能提升內在動機。

自校校友

螳螂：自校讓同學明白不是為了考試而學習，個人感到在自校時並沒有考試的壓力，而是學習可以幫助我解決在生活上遇到的疑難。

海馬：我們曾叫某同學的綽號，他就提告我們。那次「生活法庭」的處罰比較特別，要我們寫下一定數量讚美那同學的字句。自此，他開始主動跟我們聊天，也帶生果和我們分享，不知怎樣，漸漸我們就成為朋友。

家長

牛牛：兒子在自校試過提告他人及做被告，他覺得「生活法庭」很好，讓大家可以做事負責任。在法庭裏討論公義、對錯這些事時，他都很執着和投入。他能夠學習、理解到「自食其果」的道理，這種經歷幫助他日後做到改善自己和他人的關係。

老師 / 校長

海星：孩子輸球，沒有不甘心，反而很快樂，還樂意與人分享。孩子是輸了，卻是贏了，贏了快樂。自校也有句口號：「要贏得快樂，不要輸給執着！」教育不是一場短跑，更不是一場你死我活的競賽。一個只管拼命向前跑、許勝不許敗的人，是不會懂得欣賞沿途風景，也難以享受運動帶來的樂趣。

六、時間（Time）

時間元素與權責及課業元素有密切關係。時間元素一方面是指給予學生改善的機會及時間，另一方面是指讓學生參與計劃自己工作的進程（Ames, 1992）。

自校校友

銀柳：那一刻我認為他是故意破壞我們的巢穴，便生氣追打他，老師制止了我。我坐在校內樓梯繼續發脾氣，但令我印象深刻的是海星老師竟然沒有兇狠地向我訓話，而是開導我和那位同學，並讓我可以有時間完整地訴說自己生氣的原因。海星向我轉達了那位同學的道歉，還請我嘗試用另一個觀點、角度去看這事。

黃顯華

鄉師自然學校校董

香港中文大學課程與教學學系客座教授及伍宜孫書院資深書院導師

香港中文大學課程與教學學系系主任（2000-2007）

香港教育研究所副所長（1996-2008）

參考資料

Epstein, J., (1989) Family structures and student motivation: A developmental perspective. In Ames, C. and Ames, R. (Eds.) *Research on motivation in education* (pp. 259-295). Academic Press, New York.

Brophy, Jere. (1998). *Motivating Students To Learn*. New York: McGraw-Hill.

Epstein, J., (1998) Effective school or effective students? Dealing with diversity, in Haskins, R. and MacRae, B. (Eds) *Policies for America's public school* (pp. 89-126). Ablex, Norwood, NJ.

Ames, C. (1992). Classrooms: Goals, structures, and student motivation. *Journal of Educational Psychology*, 84(3), 261-271.

Rosenfiled, D., Folger, R., Adelman, HF. (1980) When rewards reflect competence: A qualification of the over justification effect. *Journal of Personality and Social Psychology*, 39(3), 368-376.

Ames, C. (1984). Achievement attributions and self-instructions under competitive and individualistic goal structures. *Journal of Educational Psychology*, 76(3),478-487.

附錄

鄉師自然學校小學生畢業後去向概況統計

籌備統計工作簡介

我們重視學生的身心靈健康，相信他們擁有順其自然的成長節奏，尊重每個學生有獨特而美好的成長需要。這次統計的目的在於呈現自校畢業生學習歷程的多樣性概況，支持學生可以有不一樣的學習選擇、學習歷程和成果。這次調查工作，感謝參與的畢業生和家長，可惜在書本製作期限下，未能聯繫更多畢業生和家長。

鄉師自然學校小學畢業後去向概況調查及統計圖

下列調查及統計圖資料，涵蓋第一屆（2010）至第十三屆（2022）畢業生。我們於 2022 年至 2023 年，以電郵、短訊、通訊軟件訊息、電話訪談形式聯繫他們及其家長，結合自校校務處的記錄，收到的資料合共是第一屆至第十三屆畢業生總人數的 74.0%。我們已盡力確保統計資料的準確性及有效性。

在闡述本概況內的數字時，須留意該約 26.0% 的學生未能連繫或沒有回應，他們的學習去向及升學狀況與有回應的學生可能截然不同。在下列統計圖中，並沒有反映及包含未能連繫或沒有回應的學生數字。

第一屆至第七屆（2010-2016）自校小學生畢業後去向概況

第一屆至第七屆自校畢業生受訪時（2022-2023）均已滿 18 歲或以上，學歷情況以他們當時就讀的級別或擁有最高學歷作準。

第一屆至第七屆自校畢業生共 64 位，39 位有回應。

94.9% 完成中學（中一至中六）課程

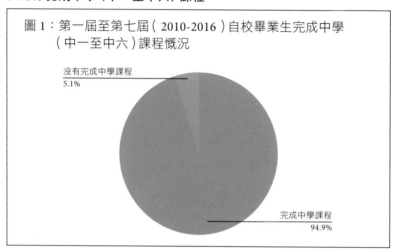

圖 1：第一屆至第七屆（2010-2016）自校畢業生完成中學（中一至中六）課程慨況

沒有完成中學課程 5.1%

完成中學課程 94.9%

46.2% 就讀或擁有副學士／高級文憑或以上學位
35.9% 就讀或擁有學士或以上學位

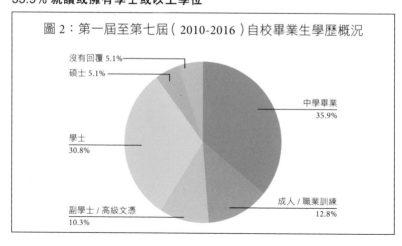

圖 2：第一屆至第七屆（2010-2016）自校畢業生學歷概況

沒有回覆 5.1%
碩士 5.1%
中學畢業 35.9%
學士 30.8%
副學士／高級文憑 10.3%
成人／職業訓練 12.8%

38.5% 畢業生全職工作
7.7% 全職工作並兼讀課程或準備兼讀課程（副學士／高級文憑／學士或以上學位）
53.8% 就讀全日制課程中（副學士／高級文憑／學士或以上學位）

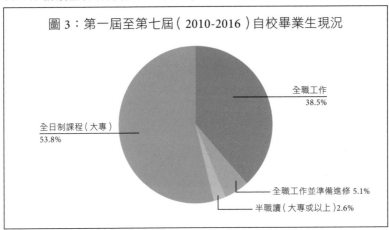

圖 3：第一屆至第七屆（2010-2016）自校畢業生現況

全職工作
38.5%

全日制課程（大專）
53.8%

全職工作並準備進修 5.1%

半職讀（大專或以上）2.6%

第八屆至第十屆（2017-2019）自校小學生畢業後去向概況

第八屆至第十屆自校畢業生，受訪時均為高中（中四至中六）適學年齡，共 28 位，26 位回應。

79.6% 在港就讀高中（資助及直資中學）
23.1% 於海外升學

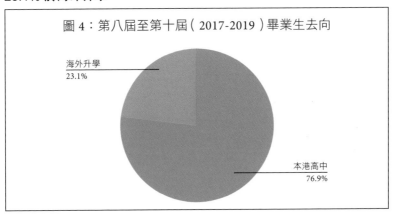

圖 4：第八屆至第十屆（2017-2019）畢業生去向

海外升學
23.1%

本港高中
76.9%

第十一屆至第十三屆（2020-2022）自校小學生畢業後去向概況

第十一至十三屆自校畢業生，受訪時均為初中（中一至中三）適學年齡，共 31 位，26 位有回應。

65.4% 在港升讀中學（資助及直資中學）
34.6% 於海外升學

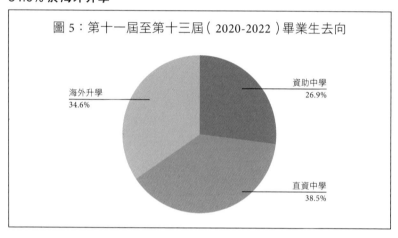

圖 5：第十一屆至第十三屆（2020-2022）畢業生去向

海外升學
34.6%

資助中學
26.9%

直資中學
38.5%

自校創校團體成員名單

自然協會

　　自然協會成立於 1993 年，當時以概念學校（未有校舍）形式名為「自然學校」辦假日活動；1996 年註冊為慈善團體，籌辦「情意自然」教育項目，包括成人及兒童學習活動，早年一直籌備正規的小學。

　　2007 年得到香港官立鄉村師範專科學校同學會（簡稱：鄉師同學會）租借校舍，同年成立鄉師自然學校，並交由自然教育有限公司負責營運學校。

自然協會創始成員（1993）自然名稱	姓名
天鳥（曾稱：知秋、一葉、古風）	劉永佳（首屆主席）
清水	劉文清
蟋蟀	王俊強
青蛙	余少堅
鷹	黎菁慧
水牛	李發喜
小花	梁嘉華
綿綿	徐隆綿

自然協會職員自然名稱	姓名
海鳥	鄧志文
樹	楊郁秀

鄉師自然學校

鄉師自然學校成立於 2007 年，是香港首間提倡「情意自然」、人本及自主學習的私立小學。

鄉師自然學校 創校團隊（2007）	自然名稱	姓名
創校校長	天鳥（一葉、知秋、古風）	劉永佳
創校老師	海星	葉頌昇
創校老師	白鷺	蔡珊茹
創校老師	小雨	李靄儀
創校職員	河流（海龜）	吳詩梅
創校職員	小嵐	馮婉婷
創校職員	綠林中人	黃欣樂
創校校監	蟋蟀	王俊強
創校校董	一舊木	阮志雄
創校校董	天鷗	區紀復
創校校董	米	蘇麗珍

自校成員「大地行者」名單

自協[1]/自校[2]/自教[3] 全體成員大地行者[4]（現任[*] / 2023 年）

序號	大地行者（屆別）	畢業年份	自然名	身份
1	第一屆	1997-98	鳳蝶	老師
2	第二屆	1999	海星	[*]校長 / 老師 / 家長
3			白鷺	老師 / 家長
4	第四屆	2001	小雨	校長 / 老師
5	第五屆	2002	河流	老師
6			樹	老師 / 家長
7			綠林中人	職員
8	第六屆	2004	楓葉	[*]老師
9			小嵐	職員
10	第八屆	2008	櫻花	老師
11			花香	老師
12			甘露	老師
13			急性子	職員
14			八爪魚	職員

---

1 自然協會（慈善團體）（鄉師自然學校的創辦團體）。

2 鄉師自然學校。

3 自然教育（慈善）有限公司（營運鄉師自然學校及籌辦自校辦學理念的教育項目）。

4 大地行者——情意自然教育導師班，由自然協會於 1997 年開辦，2023 年 10 月辦第二十屆。

15			虫虫	家長 / 職員
16			茶花籽	家長 / 職員
17			微風	家長
18			流水	家長
18			蒲公英	家長
20			向日葵	家長
21			河米	家長
22			和風	＊自校顧問律師
23	第九屆	2010-11	黑碳	老師 / 家長
24			旭芬	老師
25			咖啡豆	老師
26			水筆仔	老師
27			南風	職員
28			椰子	家長
29			浪花	家長
30			長頸鹿	家長
31	第十屆	2012	天翔	駐校藝術家
32	第十一屆	2013	薰衣草	老師 / 家長
33			陶土	老師
34			慈竹	老師
35			貓頭鷹	職員
36			湖水	家長
37			花生	家長
38			澤山	家長
39	第十二屆	2016	檔蛇（山川）	＊老師
40			靈芝	老師
41			怕醜草	職員
42	第十三屆	2017	靜脈	＊遊戲小組導師
43			蝦米	＊老師 / 家長
44			貓	＊職員

45			菜心	家長 / 職員
46	第十四屆	2017-18	青檸	老師
47			鳶尾	老師
48			原野	＊老師 / 家長
49			萱草	家長
50	第十五屆	2018-19	四不像	＊老師
51			海獅	＊老師
52			石頭	＊職員
53			海心	＊職員
54	第十六屆	2019-20	小魚	＊老師
55			貝殼	＊老師
56			彩虹	＊遊戲小組老師
57			落葉	家長
58	第十七屆	2021	無殼蝸牛	老師
59	第十八屆	2021-22	海龜	＊老師
60			茄子	＊老師
61			冬天	＊老師
62			浪漫漫	＊老師
63			楊桃	＊職員
64			繭	家長
65	第十九屆	2022	天空	家長

鄉師自然學校家教會
「家長教師同盟」幹事會名單

「家長教師同盟」成立於 2013 年,是鄉師自然學校的家教會,由老師和家長組成。

第一屆幹事會(2013-2014)	在校身份	自然名稱
主席	家長	海洋
副主席	老師(創校校長)	一葉(天鳥 / 知秋 / 古風)
秘書	家長	水泉
司庫	家長	松鼠
司庫	家長	雪山
宣傳 / 聯絡	宣傳及推廣幹事	蘑菇
宣傳 / 聯絡	家長	如日
宣傳 / 聯絡	家長	森林
康樂 / 福利	家長	荔枝
康樂 / 福利	家長	栗子
總務	家長	刺蝟
總務	家長	猴子

第二屆幹事會（2014-2015）	在校身份	自然名稱
主席	家長	海洋
副主席	老師（創校校長）	知秋（天鳥 / 一葉 / 古風）
秘書	家長	夏蟬
司庫	家長	松鼠
司庫	家長	如日
宣傳 / 聯絡	家長	老虎
康樂 / 福利	家長	水泉
康樂 / 福利	家長	荔枝
總務	家長	刺蝟
總務	家長	艾草

第三屆幹事會（2015-2016）	在校身份	自然名稱
主席	家長	水泉
副主席	老師（創校校長）	知秋（天鳥 / 一葉 / 古風）
秘書	家長	老虎
副秘書	家長	仙人掌
司庫	家長	如日
宣傳 / 聯絡	家長	栗子
宣傳 / 聯絡	家長	香蕉
康樂 / 福利	家長	荔枝
康樂 / 福利	家長	落花
康樂 / 福利	家長	泥土
總務	家長	刺蝟
總務	家長	檸檬
總務	家長	鯨鯊

第四屆幹事會（2016-2018）	在校身份	自然名稱
主席	家長	水泉
副主席	創校老師	白鷺
秘書	家長	大灰熊
司庫	家長	仙人掌
宣傳／聯絡	家長	香蕉
康樂／福利	家長	栗子
康樂／福利	職員／家長	花蝴蝶
總務	家長	泥土
總務	家長	向日葵

第五屆幹事會（2018-2020）	在校身份	自然名稱
主席	家長	大灰熊
副主席	創校老師	白鷺
秘書	家長	甲由
副秘書	老師	四不像
司庫	家長	樹根
宣傳／聯絡	家長	白蘭花
康樂／福利	家長	泥土
總務	家長	白雲

第六屆幹事會（2020-2022）	在校身份	自然名稱
主席	家長	落葉
副主席	創校老師	白鷺
秘書	家長	咖喱薯
司庫	家長	合桃
宣傳／聯絡	職員／家長	花蝴蝶
康樂／福利	家長	泥土
康樂／福利	家長	星砂
總務	家長	樹根

第七屆幹事會（2022-2024）	在校身份	自然名稱
主席	家長	繁星
副主席	老師	原野
副主席	家長	星砂
秘書	家長	素素
司庫	家長	兔仔
宣傳／聯絡	家長	蚯蚓
康樂／福利	家長	咖啡樹
康樂／福利	家長	星星
總務	家長	熱情果
總務	家長	鯨鯊

鳴 謝

　　首先感謝香港官立鄉村師範專科學校有限公司支持成立鄉師自然學校，特別感謝鄺啟濤校長和魏仕成先生。

　　另外，感謝淩浩雲先生支持自然教育有限公司。

　　本書得以出版，經過一年多的努力，全賴下列人士的協助，在此表示衷心謝意。

(1) 感謝野鴿、青蛙、小青蛙、白駒、暴龍、牛牛、百合七位人士撰寫支持自然學校的文章。

(2) 感謝劉銳紹先生推薦此書給匯智出版有限公司，並感謝羅國洪先生支持本書出版。

(3) 感謝自然教育有限公司和家長百合資助本書出版。

(4) 感謝陳宏量先生和陳大為先生為本書的語文作出周詳的修訂。

(5) 感謝參與訪問的校友、家長及校友的中學老師。但出於篇幅有限，很可惜未能採訪更多校友和家長。

(6) 感謝崗松義助製作統計圖，並感謝校友大樹、蜈蚣、恐龍、銀柳、雷電，以及家長紅樹林、番薯、自然，協助聯絡工作以完成統計圖的調查。

(7) 感謝家長泥土及老師海獅、原野協助統籌自校師生畫作。

(8) 感謝吳雪雁女士義助本書，負責設計封面。

(9) 感謝天翔、鄺珮詩女士和 Mr. Travis Kong 在此書籌備初期，給予出版方面的寶貴意見。

(10) 感謝社會各界有心人協助本書宣傳，支持自然學校。